見ない、聞かない、反省しない

―なぜかうまくいく人の秘密―

大嶋 信頼
Ohshima Nobuyori

SIBAA BOOKS《シバブックス》

はじめに

「昨今、生きるのが辛かったり、心を病んだりする人は、まじめすぎる人が多いのではと思います。まじめすぎるから常識にとらわれ、思い込み、簡単なことを難しく考えてしまうのではないかと思うのです。まじめすぎるから（支配されちゃう人）になるのでは。そういう人に対して、〝そんなことしなくてよい。考えなくてよい〟と言ってあげれば楽になれる。そういう本にしたいと思います。タイトルは『見ない、聞かない、反省しない（仮）』」と青山ライフ出版の社長からメールが来ました。

これを読んで私は「また、無茶振りだな～！　書くのは私だぞ、も～！」と思っていました。でも、ちょっと時間が経って「社長がくださったタイトルには意味があったんだ！」ということが見えてきました。

幼い頃から私は「楽しく遊びたい！」「家族と仲良く過ごしたい！」「勉強ができるようにな

りたい！」そして「豊かな暮らしがしたい！」と願ってきました。でも、この願いは見事に外れるんです。

遊んでいて「嫌な予感がする！」と思っていたら、みんなの前で恥をかく展開になったり、家族の中で不穏な空気が流れたと思っていると「なんでちゃんと勉強をしないんだ！」と怒鳴りつけられたり、「もしかしてクラスで最低点を取るのでは？」と思っていたら「本当にビリだよ！」となっていました。

ある意味で私は、不幸予測をすべて的中させていました。「嫌な予感が！」と思っているとすべて的中して「どんどん不幸になる」という感じでした。

「あなたが不幸なことを考えるから、それが現実になっただけ！」というのが一つの考え方になります。

野球をやっていて「みんなの前で全然ボールがバットに当たらない！」とイメージすると「自己暗示にかかって、その通りになっちゃう！」「家族に怒られるのでは？」と不安に思っていると、びくびくおどおどしちゃって「家族が怒るようにあなたが誘導した！」そして「テストでビリを取るんじゃないか？」と怯えて勉強をしなければ「ビリになるのはあたりまえでしょ！」となる。だからすべてあなたが勝手に想像して、その不幸の現実を作り出しているだけ、という考え方です。

もう一つの考え方は「直感力が働いて未来のことが予測できているのかも！」というもの。「ピ～ン！」と直感力が働いて、未来の展開が予測できるという考え方。


私が3歳の時、父親が「ドライブに行こう！」と連れて行ってくれました。後部座席で「ピ～ン！」と直感力が働いて「お父さん、自殺をしたら、地獄に行くんだよね？」と質問すると、運転していた父親は「ドキ！」と固まりました。父親の会社は倒産寸前で「もう死ぬしかない！」と一家で車ごと崖からダイブすることを考えていたのです。

直感力が働いた幼い私の脳では、この時、何が起きていたのか？

ここで考えなければならないのが、幼い子供が一発で「父親を踏みとどまらせる発言をしている！」という現象です。大人になった私があの状態の父親を踏みとどまらせる方法を考えても、あんなにきれいな方法は無理だと思います。発言的には完璧で効果的。なぜあれができたのか？

脳のネットワークが現代の科学では測れないことから「光よりも伝達が速いのでは？」と考えています。光よりも速いから、時空を超え、未来の自分の脳につながることができる。

もしかすると、あの幼い自分は、父親を止められず、家族で車ごと落ちる瞬間を何度も体験していたのかも？　と考えるのです。

落ちる瞬間に幼い私は「父親を説得して止めておけばよかった～！」と思っている。そんなことを思っている自分の脳とつながっている幼い自分は「お父さん！　危ない運転はしないでね！」と言いますが、次の瞬間に「あれ～～！」と落ちてしまいます。「危ない運転をしないでね！」では止められないとわかって「おとうさん、長生きしようね！」と言います。それでも車は転落していきます。

そんな失敗の体験を何度も繰り返してきた、さまざまな時間軸の自分の脳につながって「お父さん！　自殺したら、地獄に行くんだよね？」という質問形式が頭の中に閃きます。

そして、落ちて行く時間軸の幼い私たちは「よかったね！　僕達みたいに落ちないで！」という感じになっている。

3歳の子どもがあのような発言をすることを考えた時に、直感力の奥深さが見えてきます。ただの「カン」ではなくて「周りの人の脳から伝わってくる情報」「未来の自分の脳からの情報」など、ありとあらゆる情報から割り出されたものが「ピ～ン！」なのです。その直感力をうまく使える人が、美味しい人生を歩めるのです。

なぜなら、未来の失敗を一瞬にしてたくさん体験して、その中で成功したものだけをチョイスして歩んで行くことができちゃうから。

なんで私は直感力がうまく使えないの？

それがここからのお話になります。

「見ない、聞かない、反省しない」というのが確かに直感力をうまく使う方法なのかもしれないと思うのです。

あのボーッとした出版会社の社長は直感力を使って、この本を編集している未来の自分の脳につながって「ピ～ン！」と閃きます。ここで書くことは普通の心理学とは違っていますが、ちょっと楽しみになる。

読み終わった時に直感力が思い通りに使える自分とつながって「ピ～ン！」と閃いて、常に幸せな選択ができるようになっていく。なんだかワクワクしてきます。

はじめに

目次

第2章　「聞かない！」でどんどん楽になる……81

第1章

「見ない！」で直感力がバリバリに

直感力とは何か

5年前に出会った人をふと思い出して「あの方はどうしているかな?」と考えた次の日に、その人から電話がきた、なんてことがあります。また何の根拠もないのに「悪いことが起こりそう!」と予感したら「やっぱり起こった」的な「虫の知らせ」もあります。

このような体験は五感(視覚、聴覚、触覚、味覚、嗅覚)を超越した感覚で「直感」、「霊感」、「虫の知らせ」、「第六感」などと呼ばれています。

これは人間が元から持っている、ただの「直感力」なんじゃないのかな? と私は思っています。直感力とは、人が見たり聞いたりして収集した大量の情報を使って導き出される答えのことです。

脳内の大量のデータから導き出されているのですが、あまりにも大量のデータだから、どうやって導き出されたかわからないのです。そんな時に人は「カンで!(直感という意味)」という言葉を使います。

例えば「今日は何をしたい?」と質問された時に「今日は外出して、夕方に買い物に行って、夜には人と会って」という感じで「1日のスケジュール」と「そこで出会う人物」さらに「場所」と「時間」という具合なデータがあります。

これらのある程度「もうわかっている」データの中で「今日は何がしたい？」と考える。この時に直感力を使うと、「一番いい靴を履いて出かけたい！」というのが出てきます。そして、一番いい靴を履いて出かけると、仕事先で「取引先の社長が突然会ってくれる！」となります。名刺交換の際に「靴を見られた！」と感じられます。社長の態度が柔らかくなって、楽しく話ができて「一緒に楽しく仕事をやりましょう！」となりました。

このような閃きがなぜ起きるのか、想像力を膨らまして考えてみます。

人の脳はお互いに情報をやり取りしているから「緊張している人がそばにいると緊張する！」という現象が起きます。私は五感以外に「脳のネットワークからの情報」が存在していると考えています。

私が学生の頃は本を探すために、あちこちの図書館に通っていました。でも、今はインターネットがあるので、家に居ながらにして、膨大な情報を検索できます。

同じように、いちいち人に会いに行かなくても、脳はネットワークでいろんな人とつながっている、と考えることもできます。

会う予定がない仕事先の社長の脳ともつながって「あの人に会いたいな」という情報が事前に社長の脳から伝わってきて「靴で信用できる人かどうかを確かめる」という情報も脳のネッ

トワークでダダ漏れしていたのかもしれない。さらに、脳のネットワークのスピードは「時空を超える」となれば「未来の自分につながる」ことも可能となります。

いつものボロボロの靴を履いて仕事先に行ってしまって「社長がお会いします！」と突然言われて、名刺交換をした時に靴を見られて、社長の態度が冷たくなり、「しまった、いい靴を履いてくればよかったのに！」という失敗した未来の私の嘆き情報が伝わってきて「今日はいい靴を履いて行きたい！」という直感が働いたのかもしれません。

直感力は誰にでもあります。もし、これが自由に使えたら、おもしろいことになります。私はカウンセリング中、クライアントさんの直感力を使っています。クライアントさんの直感力で導き出された答えのままに進んでみると「おもしろい結果になった！」ということをたくさん体験しています。

直感力を使うのは簡単！

ある受験生が「予備校の実習室で勉強に50分ぐらいしか集中できなくて、予備校の予習復習が間に合わない」と渋い顔をしていました。

「自分を責めないで、めげないでそれを続けていくと集中力がついていきますよ！」という〝暗示〟を入れようと思いましたが、次の瞬間、「それが答えではない！」と閃きました。

受験生の優れた直感力を使って、この悩みの向こうには何があるのかを知りたいと思い、「どうしたら50分の壁を超えられるか、パッと頭に浮かんだことを教えてください」とお願いしてみました。

次の瞬間におもしろいことが起きました。

「そういえば、あのオシャレなコーヒーショップで原稿を書いていた時はなぜか原稿を書くスピードが上がったな～！」と思ったんです。それが私の頭に浮かんだと同時に、受験生が「そうか！」と大きな声を出しました。

受験生は幼い頃から公文式の塾に通っていて、そのざわざわした雑音の中で勉強をしていた時が一番勉強に集中できていた。

「だから、実習室ではなく、近くの喫茶店で勉強をした方が効率が上がるんだ！」と言いました。

私はそれを聞いて「変なアドバイスをしなくてよかった」と胸をなでおろしました。

「50分以上集中できない！」という受験生の思考は限定されたデータから導き出された答えになります。

〝限定されたデータ〟とは、予備校の「静かな場所で勉強をしましょう」という常識。「あんたがそんな続けて勉強ができるの？」という親の言葉。周りの生徒たちの「俺、50分集中したら10分休まないと頭が回らなくなる」といった、いらない情報。

これらの情報から「静かなところでないと集中できないけど、50分以上続かなくて、もう1年受験生をしなきゃならないかもしれない」という答えが導き出されてしまうんです。

予備校の先生、両親、そして周りの受験生たちの発する言葉が〝暗示〟となって「あなたは50分以上勉強が続けられなくなる～！」と入れられ「それじゃあ志望校にいけない～！」という感覚にさせられていたのです。

「考えないでパッと浮かんだこと！」という、〝暗示〟が入った思考の向こう側にある直感力を使ってみると「過去の膨大な経験値を使うことができる」のです。

実際、予備校の近くの喫茶店に行ってみると成績上位の連中がそこにいるのを発見します。「結構みんなここで勉強しているんだ！」と納得。そして、その連中に混じってザワザワした喫茶店で勉強していると「あ！　いつのまにか50分の壁は超えていた！」となり、次から次へと勉強ができるようになって、みるみる成績が上がって行ったのです。

直感力を使う方法は簡単です。

一つの課題について「考えない！」と自分の中でつぶやき「パッと浮かんだやつ！　パッと！」とつぶやいて、次の瞬間に浮かんできたものが「直感力で導き出された答え！」となります。

自分一人でやってみてもおもしろいことになるんです。

直感力が失われて行く時

赤ちゃんはハイハイをしながらその直感力を使って真実を探し回ります。「真実」とは〝愛〟のことで「自分を１００％幸せにしてくれるもの」を探し回って「あ！　見つけた！」と見て、触って、振って音を聞いて、そして匂いを嗅いで、さらには口に入れて「これは違う！」と吐き出します。

大人は「珍しいものに興味があるのね！」とか「この子は食いしん坊なのね！」と赤ちゃんの行動を分析します。本当に探し求めているのは「真実の愛」なのに、誰もそんなことは気がついてくれません。

なぜなら「こんな子供に真実の愛なんてわかるわけがない！」と大人は思っているから。赤ちゃんは経験がないから、１００％直感を使っており、それは本能と思われています。その本能とは、脳のネットワークで過去のありとあらゆる人につながって得られた情報で、赤ちゃんはそれを元に真実を得ようとしているのではないでしょうか。

大人たちは「自分が経験してきたこと」のデータを優先しますが、赤ちゃんは過去のあらゆる人たちのデータを自由に使って、直感で真実を見極めることができてしまうのです。

母親に抱きしめられた時に赤ちゃんは「真実に近いものはあるけど違う！」と今度はお父さんの胸に飛びついていきます。そこでも「これもまた違う！」といろんなところに移動していくのは、脳のネットワークのデータをもとにみんなが求めていた真実を探し続けているから。

言葉が話せるようになった子供が「なんでお父さんとお母さんは喧嘩ばかりしているの？」という鋭い質問をするのは直感力が働いて「そこに真実の愛があるの？」と検証しているからです。

この時の両親の対応はさまざま。私の場合は「あんたがいい子にしていないからお父さんが怒ってしまった」と言われ、ショックを受けました。「真実の愛」を検証したいのに「自分が悪い子だから、そこに愛がなくなる」という意味づけをされてしまったから。

そこで直感力が働いて親の言ったことを疑ったら、今度は「あんたがちゃんとしないからでしょ！」と母親からほっぺたをひっぱたかれて泣いてしまいます。叩いた親は嫉妬の発作を起こしているから「破壊的人格」に変身して「この子を正しい方向に導いてあげなければ将来大変なことになる！」という意図でひっぱたいています。単純に「こんな生意気なことを言っていたら、みんなから嫌われて、そしていじめられて大変なことになってしまうから、ここで自分が心を鬼にしてひっぱたいてあげなければ！」という体です。

でも実際は、子供に「真実の愛」が夫婦間にないことを見極められ、嫉妬の発作を起こしただけ。嫉妬の発作は「自分よりも弱者が自分よりも優れたものを持っている」という条件で起きます。

「私の事情も知らないのに生意気言って！」というのが嫉妬の発作。

子供からすれば、目をキラキラさせて真実の愛を探そうとすると「生意気言うな、キッ〜！」と発作で破壊的な言動をされる。それが繰り返されると目の輝きが失われていきます。それと同時に、それまで使えていた直感力が使えなくなる。直感力は周囲の嫉妬の発作を誘発してしまうから「封印しなきゃ！」という感じで、直感力が使えなくなってしまうのです。

もう少し詳しく説明すると、こんな流れになります。

直感力を使う↓親が嫉妬の発作を起こし殴られる↓親の発作に感電して泣く。

これを何度も繰り返した結果、私の場合「嫉妬されると泣く」が条件づけられてしまった。

学校でも、ちょっと虐められると、すぐに泣く。そして「直感力が使えない！」が条件づけられてしまった。

私にとって直感力は、泣かされるという発作の元になるから「直感力が使えなくてどんどんダメ人間になって行く」という感じでした。

「勉強がしたい！」と思った次の瞬間、発作を起こし、落ち着かなくなったり、眠くなったりする。道を歩いていて、嫉妬の発作を起こしそうな人を見ただけで、涙目になり、怯えた人格に変身する。

ますます直感力が封印され「もう自分はダメだ！」「もう自分の人生は終わった」などの破壊的なことしか考えられなくなっていました。

かつては、あんなキラキラとした目をしていたのに……。

そんな幼い自分に、今はちゃんと言ってあげられる。

直感力を取り戻しても大丈夫だよ！

あの目の輝きを取り戻していいよ！

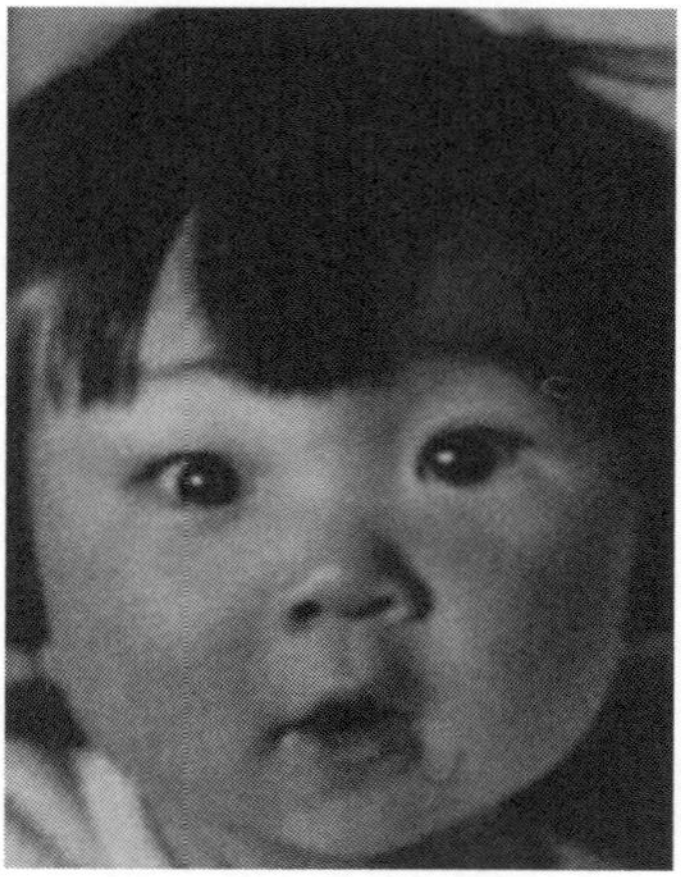

直感力は幸せのためにある

直感力は真実を見極める力であり、真実は１００％、私の幸せのためにある。

子供は「美味しいもの」が目の前に来ると、食べたことがなくても、目を輝かせます。美味しくないものには目もくれないのに、美味しいものが運ばれて来た瞬間に興奮するのは、直感力が働いているから。

脳のネットワークを使って「真実(美味しい)」という感覚を受け取り、不味いものは選択せず、美味しいものを選択することができちゃいます。

おじいちゃんとおばあちゃんは孫のことが可愛いから「美味しいものがわかるんだね！」とその光景を微笑ましく見ています。するとそれを見ていた母親が嫉妬の発作を起こします。「このまま好きなものばかり食べさせていたらわがままな子供になる！」とか「偏食になって不健康な子供になってしまう！」という理由をこじつけ、正義の味方に変身した親は「ダメでしょ、好きなものばかり食べていたら！」と叱ります。

すると子供の脳にも親の発作の電流が伝わり、「ビビビッ！」と感電して「妖怪いじけ虫」に変身してしまい、直感力とは逆の「ダメな選択ばかりする」人格になってしまうのです。

直感力が働いていれば、肉などの美味しいものを食べたら、今度は「体が野菜を欲している」

と感じ、自然にバランスのよい選択ができるのに、「妖怪いじけ虫」に変身しちゃうと、破壊的な人格になっているから「美味しいものしか食べたくない、野菜は食べない」となります。

その結果「なんでちゃんと野菜を食べないの！」と親に怒られ、「親のコントロールで健康を保つ」という状態になるのです。親がもしこの時に直感力を使っていれば、子育てに成功した時間軸の自分の脳にアクセスできます。その直感力に触れた時に、親は「子供を見ない！」になって、目の前にある「美味しいもの」を味わって食べることができます。美味しいものを食べたら、やっぱり「野菜が食べたい！」と自動的になります。そして、野菜をムシャムシャ食べている親を見ながら、子供も美味しそうに野菜を食べている姿が目に入ってきて、にっこりと微笑むことができるのです。

そう！　発作を起こしちゃうと直感力は使えなくなるのです。直感力が使えなくなった時はわかりやすい。未来の成功した自分の脳にアクセスできなくなるから「不安だ～！」とか「心配だ～！」とか「ムカつく～！」とか「大っ嫌い！」といった感覚が止まらなくなってしまうから。

直感力で成功した自分の脳にアクセスした時に「言葉にならないあの感覚！」から「見ない！」ができます。直感力が働いて、発作を誘発するものを見なくなると、自分を幸せにしてくれるものに注目ができて「幸せかも！」となるのです。

そう！　幸せになる当たりくじは存在していて、未来の幸せになった時間軸の自分はそのカードを知っている。直感力を使ってアクセスしてしまえば「他のカードを見ない！」が簡単にできて、当たりカードを一発で引くことができちゃう。

「え？　そんなことできない！」「それをしたら申し訳ない」「そんなことをしたら悪いことが起きる気がする！」という感覚になる人は、幼い時に嫉妬の発作を浴びてきているから。けれども、その仕組みはもうわかっているから大丈夫。

未来の自分につながる方法

直感力は、未来の成功した自分の脳とつながって、未来の自分が「こっちだよ！」と成功へと導いてくれる力。それが「ピ～ン！」とひらめくあの感覚。実は、誰でもすでに〝未来の自分につながる〟能力を使っている。

「買い物に出ようかな?」と思った時に、嫌なイメージがたくさん浮かんできて面倒くさくなったりするのもそれ。「嫌な予感がする」というのは、「未来の自分の脳にアクセスしちゃっている！」から。

嫌な目に遭っている未来の自分が現在の自分のために犠牲となってくれて今の私を守ってくれているとも考えられるのです。

さあ、ここで大切なポイントです。トランプの神経衰弱で説明します。

カードをめくって、間違った数字のカードを開いてしまった時に「見なかったことにしよう」とまた裏にすると、ゲームが続けられて他のカードを確かめることができます。何度もそれをやっているとカードの場所を覚えてしまいます。そこで、その過程を見ていない人が、ゲームに途中参加すれば「え？　なんでわかったんですか？」と驚かれることになります。

脳のネットワークを使ってそれと同じことができるのです。

「嫌な目にあっている自分」にアクセスしたら「見ない！」とカードを裏返す。すると今、カードをめくって嫌な目にあった自分とは違う時間軸の自分にアクセスできちゃう。嫌なイメージが浮かんだ時に「見ない！」とカードを裏返してしまうことで、別の時間軸の自分の体験が頭に浮かんでくる。

「見ない！」を繰り返していると、そのうちに「この時間軸の自分は美味しい目にあっているぞ！」というカードを引くことになります。

未来の自分につながる方法は簡単。

会社に行こうと思った時に嫌な予感がしたら「見ない！」と心の中でつぶやいてみます。すると違う嫌な感覚が浮かんでくるけど、それに対しても「見ない！」とスルーする。これを続けていって「いいかも！」という感覚になった時に「自動的に体が動く～！」となって「今日は駅のスタンドで新聞を買っちゃおうかな？」と普段考えないようなことが浮かびます。実はこれがラッキーアイテムだったりします。

新聞で読んだ記事が、取引先の部長との会話で話題になって「今度、一緒にテニスをやらない！」と部長に誘われ、テニスに行ったら「何だかスカウトされているよ！」という流れになり、「ひえ～！　直感力～！」と驚きます。

まあ、実際は驚かないで「当たり前！」という感じです。なぜなら、すでに一度、未来の自分が体験しているから。直感力がバリバリ使えている人は何をやっても感動がない。そこに至るまでに、たくさんの別時間軸の犠牲者である自分がいるから。

逆に言えば「見ない！」と裏返した自分たちは、成功した自分のために犠牲になっている。「嫌な予感がする！」と言って「動かない！」を選択して、後になって「失敗した、動いておけばよかった！」と思う場合は、成功した時間軸の自分の犠牲になっている自分ということになる。私の失敗のおかげで成功した時間軸の自分が存在するから「悔しい！」と思うのです。

「見ない！」を繰り返しやっていると、これまでの立場とは逆転して成功した時間軸の脳とつながって「ピ～ン！」とおもしろいことが閃いてくる。成功した時間軸の自分のために生きる人生もありです。

無意識は正解を記憶している

学生の頃、「さあ、テストの勉強をしなければ！」と思って机の前に座ったら「また、落第点を取ってしまったらどうしよう?」と不安になっていました。クラスでビリの点数を取って、それがみんなにバレて「あいつは頭が悪い」とバカにされてまたいじめられる。そんな場面が頭の中に浮かんで、イメージの中でいじめっ子とのやりとりをしていました。そしていじめっ子に反抗して打たれて泣かされて、女の子たちから白い目で見られている自分の姿が見えてきて嫌な気持ちになって「勉強に集中できない！」となっていたんです。

自分では「最悪をイメージしておけば、実際に最悪なことが起きた時に対応できる」と思って、考えても意味がないことを考え続けていました。頭のどこかでは「そんなことをやっていないで普通に勉強したらいいじゃないか！」と思うのですが、それができない。「勉強をしなければ」と「嫌な考えが浮かんできて集中できない！」という葛藤をしているうちに「疲れた！」となって布団に入って寝てしまいます。朝になって真っ青になり、学校に行ったら「悪夢が現実になった！」となるのが私の日常でした。

思い出すだけでブルーになってしまう暗黒時代の記憶なのですが「よく考えて見たらすごいな～！」と思うのです。なぜなら私の「直感」がある意味で全て的中しているから。

私の直感力が的中したのは、脳のネットワークで未来の自分にアクセスして、未来の自分が体験した最悪の状況を事前に体験してしまったから、と考えてみるとおもしろい。

「最悪なことを考えるだけで疲れちゃった！」となる。考えているだけで勉強ができないぐらい疲弊してしまう。考えるだけで実際に体験したのと同じくらい疲れるのかもと思ったことがあります。

もう一つ興味深いのが「勉強していないと最悪な結果になる」とわかっているのにもかかわらず「なんとかなるでしょ」と投げやりになってしまうこと。

脳のホルモン的に考えてみると「最悪な場面」は「苦痛」になるから、脳はその苦痛を麻痺させるために「脳内麻薬を分泌しろ！」となり、脳内麻薬で麻痺した状態になったから「まあいいか」となっていたのかもしれません。

あの頃の自分を振り返ってみて興味深いのは「勉強が全くできなかったくせに妙な自信が

あった」ということ。「自分はやればできる」と心のどこかで自分を信じていました。

あの妙な自信は、私が未来の最悪の自分の脳にアクセスした時に、別時間軸の「成功した自分」の脳にもアクセスしていたから。もし私が勉強をしたら、という別時間軸が存在して「ものすごい成績が優秀になっているんですけど」という感覚になることができる。「成功した別時間軸が存在する」と考えてみるとおもしろい。

まったく勉強をしていないのにあんなに堂々と学校に行けちゃうあの神経って何？　と今になって思う。普通だったら「やばい！」となるはずなのに、あの妙な自信で教室に向かって「ダメだ赤点だ」という自分と「自分はできるかもしれない」と妙な自信を持った自分がいるのです。あの根拠のない自信は別時間軸の「コツコツと勉強している自分の脳」にアクセスしていたから。成功した感覚だけが伝わってきて、実際の知識がうまく使えないから、テスト用紙を目の前にして「まったくわからない！」となる。だから「見ない！」が必要になるのです。

自分の頭に浮かんでくるものは「自分が考えているもの！」と思いがちですが、実際は脳のネットワークから伝わってきているものだったりします。すべて直感力なのです。

直感力をおもしろい方向で使うためには、浮かんでくるものすべてに対して「見ない！」とすること。それでもいろんなイメージが浮かんできてしまうけど、その度に「見ない！」とその浮かんできたイメージをいじくり回さないで伏せてしまう。一通りカードを開くと、そのうちピ～ンときて「あなたが本当に望んでいるのはこのカードですね！」とその方向に動かしてくれます。

自動的に片付けをやっていたり、それまで捨てられなかった本をまとめて捨てていたりする。それが「ラッキー行動！」になって「なんだか楽しい方向へと向いてきた！」となる。もう、不快なカードがどこに隠れているのかを無意識がちゃんと把握しているから、不快な方向には自動的に足が向かなくて「楽しい方向へ！」そして「自分が求めている方向へ！」と直感力が足を進めてくれる。不快な時間軸の自分から疲労感を受け取らなくなるので疲れることもなくなる。疲れても「気持ちがいい！」と感じられるから不思議。なぜなら、それは自分だけの疲れだから。本来の疲れは心地がよいことが体験できるのです。

直感力は不思議な方法で導いてくれる

ある女性がファミリーレストランで友達と会話をしている時に「この人はいいな～ちゃんとした仕事があって」と羨ましく思ってしまいます。すると「自分のパートナーは守銭奴でちっとも自由になるお金がない」とパートナーに対する怒りと「この先、あの人を頼っていくしかないのか？」という絶望的な感情が湧いてきます。さらに「この先、自分が仕事をしても稼げるわけがないし、パートナーを変えるったっていまさら……」と考え、鬱々とした気分になっていました。

そんな時に「ねえ、私の話を聞いている？」と友達に言われてハッとして「うん、聞いているよ！」と真剣に聞いているフリをします。

でも、聞いているうちに「この友達は、惨めな私と比べて優越感を感じたいから、こんなところでこんな話をしているのかしら？」とか「本当は、私のことを軽蔑しているのかもしれない？」と不安になったり、怒りが湧いたりしてちっとも友達の話の内容が頭に入ってこない。嫌なことで頭がいっぱいになって「うわ〜！」と叫んで、店から飛び出したいくらいの気分になっていました。

その時、女性は「あ、見ない、だった！」と思い出します。

女性はきれいに並べられたカードを思い浮かべました。

「不快なパートナーとずっと一緒で苦しむ」が出てくると「見ない！」と頭の中で裏返しにします。

「働いても、職場のみんなからバカにされて仕事が続かない」が浮かんできても「見ない！」

で裏返します。

「老いて劣化して誰からも相手にされない」というカードも「見ない！」としているうちにだんだん楽しくなってきます。

いつものようにちょっとしたきっかけから芋づる式に嫌な想像が次から次へと湧いて来る感覚は変わらないのだけど「見ない！」としていると「あれ？　なんだかちょっと希望が持ててきた！」という感じになります。

「この友達は、私を利用しているのかも？」と思っても「見ない！」としていると自然と微笑みが出てきます。

「見ない！」と不快な思考を裏返しちゃうのがおもしろいのかな？　と思っていたのですが、次の瞬間にピ～ンと閃いたのは「パートナーにお弁当」という感覚でした。

「お弁当なんて面倒くさいし、すぐに飽きて作り続けることなんてできない！」が浮かんでも「見ない！」とひっくり返します。

すると、友達に「いつもどんなお弁当を家族に作っているの？」と笑顔で質問をしていました。いつもだったら、友達と別れた後は「あー時間を無駄にしちゃった！」と後悔したり「あの子に悪いことを言っちゃったかな？」と一人反省会になり、友達が言った一言が気になってグルグルして「もう、あの子とは付き合いたくない、次からは絶対に断る！」という気分になっていました。

「見ない！」をやっていると、不思議とそれがなくなって、スーパーに買い物に行く足取りが軽い。気がついたら、何も考えないで「明日のお弁当の食材」を買っていました。

これまで、パートナーのために滅多に作らなかったお弁当の食材を手にした時に「ラッキ～半額セールをやっていた！」となるのも何かの縁かもと思える。夕食の用意をしながら、それとは別にパートナーの弁当の食材も一緒に作っている時に「あいつは夕食の残りとは違う食材が弁当の中に入っていたらどう思うかな？」と考えたくなるけど、それも「見ない！」とすると、ベルトコンベアーの流れ作業をしているように淡々と作業を進められます。

「見ない！」を繰り返していたら、いつもはいろんな考え事をしてなかなか寝付けなかったのが、すぐに眠くなって寝てしまいます。目覚ましが鳴る前に目が覚めて弁当を詰めている自分がいます。

洗面所から出てきたパートナーが朝食の用意がしてあるのを見て「何が起きたんだ？」とびっくりします。そんなパートナーの反応を見て、心の中で笑っている女性がいました。「見ない！」を繰り返していると、女性の直感力が働き、考えないで毎日のようにパートナーの弁当が作れるようになります。

　女性は「私の直感力はもしかしたら、パートナーとの信頼関係を強めるためにこれをやらせているのかな？」と先のことを考えそうになった時も「見ない！」としていました。

「見ない！」を繰り返して、ひたすら弁当だけを作っていたら「あれ？　私はなんでもできるじゃん！」という気持ちになって、いきなり履歴書を買ってきて「こんな会社で働きたい！」という企業に送り始めていました。

　これまで「見ない！」とひたすら弁当を作り続けていたので「履歴書を書くのも弁当を作るのと一緒！」という感じでできてしまう。そして、会社に面接に行く時も「弁当を作っていた時のように、何度も繰り返せば上手くなって行く！」という感覚で、どんどん面接官の質問に対する答えが上手くなってきて「え～、本当に私がこの会社に採用されたんですか？」とびっくりするような企業に採用されます。

「あなたのような人材を探していたんです」と言われた時は耳を疑います。今まで何にも経験がないのに、お弁当を作る時のように「体裁さえ整えておけばいい！」という感じでそつなくやっていたら採用されて驚きます。

「でも、パートナーから反対されるだろうな」というカードが浮かんできたけど、これも「見ない！」で切ってしまった。パートナーに報告した時は明らかに表情が固まっていたけど、パートナーの口から出てきたのは「いいんじゃない。あなたがやりたければ」という言葉。

その時女性は、直感力でパートナーに弁当を作り続けてきたのは、このためだったのかも？と気がつきました。そう！「見ない！」で直感力が使えるようになると、直感力は不思議な形で女性が本当に求めていた方向へと導いてくれたのです。

直感力は緻密な計算をしていた！

シカゴ大学のマーガレット・ワードル博士らは、誰かの悪口を聞くと、その悪口の対象となっている人の信頼感が下がりますが、その時に脳の尾状核が強く反応していることを見つけました。

尾状核は本来「直感的な判断をして考えないで動ける！」という部位です。でも、人の悪口を聞いちゃった時に、尾状核が過剰に反応して「相手の信頼感が下がる」ということは、直感的に動けなくなる、ということになります。

実は尾状核は「直感的に動くための脳の部位」と思われていたのですが、この直感的とは「学習と記憶のシステムの重要な部位を占めている」ことが最近わかってきました。直感的に動くのは「アホになって本能的に動く」のではなく、実は「記憶と学習から緻密な計算の上で動く」ことになるんです。

パートナーへの不満や友達への不信感がグルグル渦巻いていた女性の脳の尾状核は誰かの悪口を聞いた時と同じように過剰に活動をしてしまう状態になっている。すると「考えちゃって直感的に動けない！」から「お先真っ暗！」となっていたのです。

これまでの記憶や学習から一番幸せな方向へと抜け出すための緻密な計算をしてくれる直感力が使えないから、不快のループから抜け出せず、将来の不安が次から次へと湧いてきます。この時、脳のネットワークで時空を超えて、不幸な自分の脳にアクセスしているので、不快感にどっぷりと浸かってしまうのです。

そこで「不幸な未来」や「人に対する不満」などが出てきたら尾状核の反応を鎮めるために「見ない！」をやるのです。

きれいに並べられた神経衰弱のトランプ、そして尾状核の細胞をイメージします。そして不快な考えが出てきたら「見ない！」と細胞の活動を鎮めていきます。未来の脳にアクセスして嫌なことが浮かんだ時に「見ない！」とするのは、その記憶を打ち消しているのではなくて、「未来の失敗を学習して現在に使えるようにする」ため。カードを開けっ放しにして「あいつとなんか絶対に一緒にいたくない！」と悪口で頭が渦巻いてしまったら「学習と記憶が活かされない！」となるから「見ない！」と裏返して、尾状核を鎮めちゃう。すると学習されて未来の失敗が貴重なデータになる、ということです。

パートナーに不満たらたらだった女性が「見ない！」を繰り返していたら「お弁当を作りたい！」となりました。お弁当を毎日作ることで「想像力」が養われます。そして、それを続けることで「持久力」が養われて、さらに「いい加減に作る」という「柔軟性」も培われました。

女性はこのトレーニングにより「この筋肉を使って働いてみたい！」と思うようになり、そして、仕事をゲットするときも「想像力が働いて、これまで考えもつかなかった職種に応募しちゃった！」となります。さらに履歴書を書くときは「柔軟性を使って真面目に書かないで適当に書いちゃった！」となるわけです。面接では直感力がバリバリ働いて「面接官の希望する答えが言えちゃう！」ということで「採用！」になるのは、尾状核が未来の失敗のデータをもとに立てた緻密な計算があったから。

一番笑えるのが、仕事には必ず反対するだろうと思っていたパートナーがあっさりＯＫしたこと。毎日弁当を作られていたら「みんなと一緒に自由に外食がしてみたい！」と思うはず。女性のパートナーがそのタイプであることを未来の脳は知っているから、弁当で自由を奪っておいて、「私が仕事をしたらあなたは自由よ！」という感じになって、パートナーは「いいよ！」としか言いようがなくなったのです。

仕事でも「あれだけ弁当を作り続けたのだから、どんな仕事でもコツコツやれば学習できる！」という自信があるから「やれまっせ！」というハッタリがかませます。ハッタリで仕事をどんどん与えられ、直感力を使ってそれをこなしていくことで「すごい仕事ができる人！」となって「いつのまにか自分の理想の姿になっていた！」となった。

「見ない！」で尾状核の反応を鎮めるだけで、直感力はこんなゴールを計算して、女性を導いてくれていたのです。

「見ない！」で未来を楽しく変える

「講演会でお話をしてください」と依頼されました。100人以上入る会場で40分ぐらいのお話をお願いしますと言われて「え～めんどうくさい！」と思うのは、瞬間的に講演会での話の内容を用意している未来の自分が浮かんでしまうから。何を話したらいいのか思い浮かばず、苦しんでいる自分。どんどん期日が迫って焦る自分。やっと原稿を仕上げたものの壇上で頭が真っ白になっている自分がいます。

さらに別の想像では、広い会場に人が全然入っていなかったり、講演会を企画してくれた人が「あの人を呼ばなければよかったね」とスタッフと話していたりします。これらが私の頭の中をぐるぐる回って「めんどうくさい！」となり、「本当に原稿が書けない、やばい！」という悪夢が始まってしまうのです。

前にも書きましたが、私はこれを「最悪をイメージしておけば最悪なことが起こってもダメージを受けない」と思ってわざとやっている、と思っていました。

でも、あまりにも想像した嫌なイメージ通りになってしまうことの連続だったので「もしかして、これは不幸になる自己暗示をかけちゃっているのかな？」とも考えました。「だったら成功するイメージをすればいいじゃん！」と思っても、不快なことが次から次へと浮かんでくるので、どうしたらいいかわからなかったのです。

そこで、不快なイメージは未来の私の脳につながって、最悪な体験をしている自分の感覚を受け取ってしまっているから浮かぶものではと考えました。未来に失敗した自分の脳にアクセスできるのだったら「未来は変えられる！」となります。未来を変えるためには、不快なイメージが浮かぶたびに「見ない！」を頭の中で唱えるだけ。「会場が空っぽ！」というのが浮かんで来そうになったら「見ない！」と唱えてみると、その不快なイメージと私は戦わなくなります。「見ない！」でその先のイメージをすることを止めることができるのです。

「これをやっていたら、原稿の用意をしなくなるのでは？」とか「未来の自分の姿なら、ちゃんと向き合ったほうがいいんじゃないか？」という誘惑が浮かんできても「見ない！」とそれも打ち消していくと、不快なイメージがだんだん浮かばなくなり、頭の中にムソルグスキーの「展覧会の絵」の曲が流れてきました。すると、講演会までにはだいぶ日にちがあるのに「原稿を書きたい！」という気持ちになってくるから不思議です。

未来の失敗した自分の脳につながったら「見ない！」を繰り返していただけなのに、「展覧会の絵」を聴いていると「書きたい！」となって、次から次へとアイデアが浮かんであっという間に書きあげてしまいました。その原稿を読んでいると「私の未来の失敗がここに活かされている！」と感じました。「見ない！」と繰り返して何も考えないで書いた原稿のはずなのに。

原稿があるので、講演会が近づいても余裕な自分がいます。そして、講演会の当日になっても「あれ？　全然緊張していない！」という自分にびっくりします。以前だったら「う～気持ち悪い！」となるのですが、一切ならずに、会場に入っても「この方たちを私は知っている！」という不思議な感覚になります。

私の直感力は、未来の講演会を楽しんでいる私の脳にアクセスしてくれていたから、会場の人を見た時に「みんなお知り合い！」という感覚にさせてくれました。さらに、楽しんで講演をしている未来の私の脳に直感力がつなげてくれていたので話の展開がおもしろく、まるで誰か違う人が話をしていて、それを私が客席から聞いているような感覚。話をしていて「あれ？私が書いた原稿の内容をはるかに超えている内容を話しているよね！」とちょっと用意した原稿が安っぽく見えている自分がいて「自分を超えているんだ！」とちょっと嬉しくなるんです。

「見ない！」で直感力を使ってみると、過去の自分がライバルではなくなり、過去の自分よりもさらに成長した自分を感じられます。たくさんの人の前で喋りながら「直感力ってすごい！」と感心している自分の脳にアクセスしながら「見ない！」でそれすらも打ち消して、さらにその自分を超えて行こうとしている自分がここにいます。

一枚一枚の絵が変わるごとに曲想が変わるように「見ない！」で未来を切り替えていくことで、私の未来が変わっていく。「見ない！」は未来を楽しく変えてくれるんです。

直感力で現実が変った！

直感力を使ってみると、目の前の現実が変わっていきます。その方法は簡単。いろんな考えが浮かんできたら、「見ない！」と、その考えを止めてしまうだけ。

あるお母さんは「子供がゲームばかりやってちっとも勉強をしない。このままでは引きこもりになってしまうのでは？」と心配していました。そこで「ゲームばかりやっていないで勉強しなさい！」と怒ります。

子供は「母さんがうるさく言うから勉強ができないんじゃないか！」と怒鳴り返してきます。お母さんは子供には伝わっていないのがわかっていても「私がちゃんと言ってあげなければ！」と思ってしまうのです。

このお母さんの問題は、一般的には「お母さんの心配のしすぎ」となります。一般的な専門家がこの話を聞いたら「お母さんの過干渉で子供の力を奪ってしまっている」と言われます。お母さんが心配して、子供のために考えてあげてしまうことで「子供が自分で考える必要がなくなっている」となって「子供の考える力をお母さんが奪っている」という解釈をします。

ここで私は「お母さんは本当に子供の未来が見えてしまうのでは？」と考えます。未来が見えているのに、その未来を変える方法が見つからなくて悩んでいる、と。なぜなら、お母さんは「未来が見えている」とは信じていなくて、心のどこかでは「私の心配のしすぎなのでは？」とか「私の取り越し苦労なのでは？」と考えてしまうし、周りの人に相談してもそのように言われるから。未来のお母さんは「子供が引きこもりになって、あっという間に時間が経ってしまった！」と苦しんでいます。その苦しみが脳のネットワークを通じて時空を超えて現在のお母さんの脳に伝わってきている。未来のお母さんが「あんた、今、ちゃんと対応しないと将来こんなことになるよ！」と教えてくれている。それが「子供の将来が不安」と感じられている、と考えてみると興味深い。

その未来を変える方法を知らないことが問題なのです。

ここで「直感力」を使ってみるのは、未来の自分がいろいろやって失敗したことから学ぶため。未来にはいろんな時間軸があり、ありとあらゆる失敗があります。

「いつまでもゲームをやっているんじゃない！」とお母さんがゲームを捨ててしまったら「学校に行かなくなってしまった！」という未来。

「お父さんに叱ってもらいましょう！」と叱ってもらったら、父親と子供との関係が最悪になって「子供が家から飛び出して大変なことになった！」という未来。

「ゲーム依存だから精神科で診てもらいましょう！」と専門家のところに連れて行ったら「もうあんなところ絶対に行くもんか！」と子供が怒って「あれ～！」となった未来。

これら一つ一つの失敗がいろんな形でお母さんの中に浮かんできます。

「この子がこのまま引きこもって犯罪者になってしまったらどうしよう？」

「私たちがいなくなったら誰がこの子の面倒を見るのかしら？」

直感力を使うには、これらの不安や将来のイメージが頭に浮かんできた時に「見ない！」とイメージや感覚のカードを裏返してしまいます。この「見ない！」というのは「見ないようにして逃げる」わけではありません。

神経衰弱のゲームでもカードをチラッとめくってすぐに裏返して「見ない！」としたほうがカードの絵柄がちゃんと頭に残っているものです。一瞬浮かんで「見ない！」と裏返してしまうと「その未来の失敗を確実に学習する」ことができます。

未来の数々の失敗を「見ない！」を繰り返して裏返していると、やがてお母さんの頭がシーンとなって「ゲームをやろう！」という気持ちになります。

突然「やって見たらおもしろいかも！」と閃いた。子供のためにでなく、興味が湧いてきた。ゲーム機を買って早速始めてみると「なるほど！　これはおもしろい！」となります。ゲームにハマってやっていると「お母さん！　いい加減にしろよ！　ご飯はどうしたんだよ！」と言われて「はっ！」とします。

「ゲームばっかりしていないで食事を作れよ！」と言われて「どの口が言っているんじゃ～！」

と突っ込みたくなりますが、慌てて食事の用意をします。

手抜きの夕食を子供に食べさせていると、子供が「チッ！」と舌打ちをして「こんな大人にはなりたくない！」と言って部屋に帰ってしまいます。

「子供が大変なことになったらどうしよう」と不安がよぎったのですが「見ない！」として「また、ゲームの続きをやろう！」とやり始め、仕事から帰ってきた夫からも呆れられてしまいます。

子供の不安が浮かんできたら「見ない！」を唱えていたら、子供が「塾に行く！」と言い始めました。

「これから勉強をしてくれるのかもしれない！」と希望が湧いてきたが、それも未来のことなので「見ない！」として直感力に任せることにします。

子供の部屋は汚いんだろうな、と嫌な気分になっても「見ない！」としました。スマホで危ないことをしているんじゃないか？　と不安になった時も「見ない！」としていると不安は消えるから不思議です。

ある時、子供の部屋の前を通りかかると、部屋がきれいになっています。あれだけ「片付けなさい！」と言っていた時は、ゴミや教科書が散乱していたのに、きれいに整理されていて、いつのまにか部屋に友達を呼ぶようになっていました。

「これまでの私の対応が悪かったのでは？」と不安になりそうでしたが、それも「見ない！」で裏返してしまいます。

子供が「将来ゲームクリエーターになるんだ！」と言い始めた時は「妄想的なことを言って！」と不安になりますが「見ない！」とすると気にならなくなります。

そのうち子供は大学受験をする決意をし、勉強をするようになりました。

すると、お母さんの直感力はそれまでハマっていたゲーム機を手放して「英会話を習いに行こう！」となった。直感力がどんな未来に導いてくれるのか、楽しみでならなくなったのです。

シミュレーションは直感力に負ける

これまで私は仕事に行く時は「同僚から馬鹿にされたらどうしよう？」とか「上司から無視されたらどうしよう？」なんてことを考えて、実際にその場面を想像して相手とやりとりをしていました。

同僚に対して「お前、いい加減にしろよ！」とか「もっと大人になれよ！」と言ったらどうだろう？　とシミュレーションをしてしまいます。するとイメージの中で同僚が「うざいんだよ、お前は！」と言ってきたり「お前が子供じみた態度を取ってくるんだろ！」と言ってきます。

こんなことをしていると、イメージの中での同僚に対する怒りがどんどん増えてきて「あいつ絶対に許せない！」となってしまいます。

上司に対しても「無視もパワハラになりますよ！」とか「なんで部下を無視する必要があるんですか？」とイメージの中でやりとりをしてしまいます。すると上司は私がまるでそこに存在していないように書類に目を通していて「無視か！　本当にムカつく！」となって「こんな会社辞めてやる！」という気持ちになってしまう。もちろんイメージの中で。

興味深いのは、イメージの中でやりとりをして、実際に会社に行ってみると、同僚の態度がそっけないのです。まるで、私の頭の中のやりとりを実際にしてしまった後のように。私の頭の中では同僚と喧嘩別れをしていました。イメージの中では私が優勢だったのですが、まるでそれを体験したかのように「同僚の方が上手をいっている！」ということが起きるのです。

現実の世界で同僚と会ってみたら、同僚の方が私の手の内を知っているかのように上をいって、さらに嫌なことをしてくるのです。

上司の時も同じでした。「私の想像の斜め上を行っている！」となって「太刀打ちできない！」と悔しい思いをしていました。

対応方法を頭の中で何度シミュレーションしても、実際に会ってみると、必ずといっていいほど「相手の方が上をいっている！」となって私は物凄い敗北感に襲われていました。

　これも私が「脳のネットワークは本当に存在しているかもしれない！」と思うようになった要因の一つです。私が「頭の中で同僚とやりとりをしている！」というのは、実際に脳のネットワークを使って同僚の脳とやりとりをしてしまっている、ことになります。

　私は意識的に同僚とやりとりをしていますが、同僚は多分そんなことをしていなくて「チラッ！」とムカつく私の顔が浮かんで「見ない！」と裏返していたと思うのです。普通の人は、不快な相手が浮かんだらイメージの中でやりとりなどせず「あれ？　なんであのムカつく奴が浮かんだんだ？」と思って「別に気にしなくていいか、めんどうくさい奴だから」というのが「見ない！」になるわけです。

　同僚が「見ない！」とすれば、直感力が使えるから、私との未来のやりとりでの失敗から学習できて「その上をいけるぜ！」となるわけです。意識的にやっている私は、直感力が使えず、未来の失敗の数が少なすぎて「同僚の斜め上には対応できない！」と玉砕していたわけです。

　上司にしてもそうでした。まるで私がどう発言をするのか知っていたように「完全無視！」になります。そこで私が大きな声を出したりしたら「あいつ、危ない奴だ！」とみんなから思われて「もう会社にいられなくなる！」となってしまいます。私が上司とのやりとりを頭の中でしている時に、脳のネットワークで上司とつながって、上司はそのやりとりの情報を事前に手に入れてしまう。そして、上司はそれを意識していないから、直感力が働き「こいつは完全に無視したろ！」と閃きます。そして私の反応を見て「勝った！　こいつを封じ込めてやったぜ！　俺って天才！」となるわけです。

若かった私は「自分の経験不足から相手の言動の読みが甘かった！」と思っていました。だから、もっとちゃんと人の言動を研究して、相手をギャフンと言わせる対応ができるようにならなければ、と思っていたんです。でも、頭の中でシミュレーションをやればやるほど相手は私の斜め上でくる。だから「私の人生はちっともうまくいかない！」という具合になっていました。

脳のネットワークから情報がだだ漏れしていたと考えると、その理由が納得できます。だから同僚のことが浮かんできて不快な気分になりそうな時は「見ない！」としてしまいます。そうすれば未来の失敗をチラッと確認して学習でき、実際の職場では「仲がいい同僚と楽しく仕事をする！」ということが自然とできる。不快な同僚も、無視をしてくる上司も気にならなくなります。

不快なあいつらがいるから、仲がいい同僚と結束力が高まる。「いい仕事ができるぜ！」となってちょっとびっくり。何度も失敗して学習した結果「うまくいくのはこれだよ！」と直感力が成功した未来へと導いてくれます。「見ない！」で直感力が使えるようになると、おもしろくなります。

「嫌な考えが浮かんできた〜！」とか「不安が湧いてきた〜！」となったら「見ない！」とします。

これは脳のネットワークで〝未来〟の自分が「こんな風にならないでくれ〜！」というメッセージを送ってくれていると考える。その未来の犠牲を大切にするためにも「見ない！」とした時に、未来の自分の失敗が適切に学習されて「直感力」が使える。直感力は未来の成功した自分の経験を使えること。だから不快な思考が湧いてきたら、すぐに「見ない！」と唱えて伏せるようにします。そうすれば直感力は誰でも使えます。

イエスセットを使って直感力を磨く

「不安」や「心配」は未来からの情報です。問題は「未来の失敗から学習して〝成功〟に結び付けられるのか？」ということです。

私の場合は「赤点を取ったらどうしよう？」と不安になればなるほど勉強ができなくて「本

当に赤点を取っちゃった！」を繰り返していました。せっかく未来の私が「勉強をしなければ僕のような悲惨な結果になるよ！」と教えてくれていたのにもかかわらず「失敗から学習できなかった！」のです。

なぜ失敗から学習できなかったのか？　それは失敗の数が少なかったからです。

一つの不安が浮かんだ時に「見ない！」にすると、次の失敗が見えて、これも「見ない！」を繰り返しているうちに、教科書をひたすら読みたくなります。

そう！　何度も「見ない！」で未来の失敗を学習しているうちに「成功」している自分の脳につながることができ「直感力」が働いて、それまで自分がしなかったようなことをするようになります。

ひたすらノートに教科書を書き写していたのですが、それをやめて、何度もなんども同じ教科書をひたすら読んでいると「あ、こういうことか！」と今まで理解できていなかったことが理解できるようになります。

「あぶない！　教科書の内容を全く理解できないままテストを受けるところだった！」とちょっと安心します。そして、テストを受けてみると「これまで取ったことがないような点が取れた！」という具合になるのです。

私のケースを見てみると「失敗」を選択する癖がついていました。確かに「自分は何をやってもダメ」と思っていましたから。でも「見ない！」を繰り返していると「失敗を選択しない！」癖がついてきます。

失敗を選択しない癖が身についたのかを確かめる方法があります。それが「イエスセット」です。

「イエスセット」は催眠療法などで使う方法で「はい」と3回連続で相手に答えてもらうことで、相手を催眠状態に入れていくもの。

例えば、お母さんが子供に「宿題をやったの？」と質問するときは「NO」の答えが返ってくることがわかっています。そして「さっさと終わらせちゃいなさいよ！」と言うと「だって、今ゲームをやっている最中だから！」と「NO」の答えが返ってくる。「いつまでもゲームをやっていないで勉強しなさいよ！」と言って素直に「はい！」と返ってこないことはわかっています。これでは失敗を選択してしまう。

そこで「イエスセット」を使ってみる。とにかく子供に「イエス」を3回連続で言わせればいいのです。

子供が「NO」と答えるような未来は「見ない！」として「イエス」と答えるものだけを選

択します。

「ゲームはやっているとすごく楽しいよね！」と言うと、子供は「うん！」と言います。

「学校のみんなもゲームをやっているんだよね！」と言うと「そう、みんなやっているんだよ！」と答えてくれます。

「ゲームをやっていると宿題も終わらせなきゃって焦ってくるよね」と言うと「うん」と元気のない返事になります。

そして子供は、悲しそうな顔をしてゲームのデータを保存し、勉強机に向かうようになります。イエスセットってすげ～！　とおもしろくなります。

そんなお母さんは、パート先の嫌味なおばちゃんとの会話でいつも不快な思いをしていて「パートを辞めたい！」と思っていました。そこでイエスセットを使ってみました。

おばちゃんが好きなコンビニスイーツを買って職場に行きます。

そして「○○さんは、甘いものがお好きですよね！」と言うと、いつもの嫌味なおばちゃんは「イエス！」と言います。そして、コンビニの袋からスイーツを出して「これを食べたことはありますか？」と聞くと「イエス！」と言います。

そして「食事の後に一緒に食べませんか？」と言うと「いいの？　ありがとう！」と嬉しそ

うにおばちゃんが言ったので「3回イエスをゲット！」となります。

さらに駄目押しで「○○さんって美味しいものをよく知ってますよね！」と言うと「そうなのよ、私は美味しいものに目がなくて！」と話し始めて「いつもの嫌味なおばちゃんじゃな〜い！」という感じになる。

次の日には、おばちゃんが美味しいものを持ってきてくれて、それを使って「イエスセットの連続じゃ〜！」となり、おばちゃんの心をゲットしてしまいました。

「見ない！」を使って未来から学習して「イエスセット」でその直感力を確かめます。すると「成功」の選択をする習慣を身につけることができるのです。

修行はもう十分！

私たちには自分の未来がなんとなく見えています。事故や災害に見舞われた時に、それまで見えていた未来は多少、修正されることもありますが、時が経つと「基本的には同じ未来」が私たちには見えています。性格特徴や才能もある程度の年齢になると決まってしまいます。

けれども「見ない！」を使えば、自分が失敗しなくても、未来の自分がたくさん失敗してくれて、自分はそこから学習していくから「どんどん未来が変わっていく！」となります。

「見ない！」で直感力が生かされることを実感するために、「イエスセット」を人とのコミュニケーションで使ってみます。

例えば、近所の女性から「ちゃんとゴミ出しをやってくださいね！」と注意をされた時に、これまでの自分だったら「あ～注意されて目をつけられたから、ここで暮らすのが面倒くさくなる！」という未来が見えるのです。近所の人から監視されているような感覚になって「みんな敵じゃ～！」と被害妄想的になって「家から出るのも億劫になる～！」となる自分が見えてしまいます。そんなイメージが浮かんだから、それは未来からのメッセージなので「見ない！」で学習しちゃいます。「見ない！」で学習をすると「イエスセットを使いたい！」となります。

近所の注意をしてくる女性に対して「ゴミの分別って大切ですよね！」と伝えると「そうよ！」と勝ち誇ったようなイエスが返ってきます。

「ちゃんと注意深くゴミ出しをやっているとだんだん慣れてきますよね！」と私。

「そうなのよ！　ちゃんと注意してやれば」女性の緊張がだんだん下がっていくのがわかります。

「ちゃんと分別してゴミ出しをした方が気持ちがいいですよね！」

「そうなのよ」

女性から3回目の「イエス」が返ってきたときに、不思議と「ゴミの分別はめんどうくさい！」という感覚が消えて「分別をするのが楽しいかも！」と思えている自分がいてびっくりします。

それから、その女性と顔を合わせるたびに「仲間！」という感覚で笑顔になります。次に女性と会った時も「イエスセットを使いたい！」と思うのは直感力が働いているから。

「素敵なお洋服ですね！」

「あはは！　私のお気に入りなの！」と女性から笑顔が返ってきます。

「服のセンスがいいかも！」

「服のコーディネートが好きなの！」と嬉しそうに答えてくれます。

「いつまでも美しいっていいですね！」と口から出てきた時には、その女性が本当に美しく見えているから不思議。以前は悪魔のような顔に見えていたのに、今では女神のように見えてくる。

「見ない！」で直感力を鍛えていると「イエス！」と相手に言わせるピンポイントがちゃん見えてきます。それをすることで、相手の緊張はどんどん低くなり、やがて不思議な信頼感が女性との間に芽生えます。

さらに、自分の中でも相手の印象が変わっていき、自分の人生の邪魔をする存在から、サポートをしてくれるキャラクターへと書き換えられてしまいます。

「あの女性と近づき過ぎたらあの女性から裏切られて近所に変な噂を流されるのでは?」と不安になったら「見ない!」とその未来を学習していくと、不思議と毎回、女性と会うたびに「イエスセット」が口から出てきて、自動的に自分を守ってくれます。

「見ない!」や「イエスセット」は普通の人には必要ないのかもしれません。なぜなら、決められた未来が一番安心するから。自分が知っている未来を歩むのが一番安全で安心と感じられるから。みんな淡々と人生を歩みながら、数々の失敗から静かに学習しながら生きています。

私は欲張りだから「見ない!」を連発して未来の自分から学習して、楽しい人生を歩みたいのです。これまでに十分に苦しんできたから「イエスセット」を使って人間関係を楽しんでみたいのです。これまで十分に人間関係の修行を積んできたからもう、楽に生きたい! なので「見ない!」で未来から学習しちゃいます。そして、直感力が使えるようになって、「イエスセット」で人間関係を楽しむことにします。

不快に注目する癖からの解放

私は不快に注目する癖がありました。

ニュースでも、不快な事件に注目して「自分がこうなってしまったらどうしよう？」と頭の中でぐるぐる考えるのです。一生懸命に考えて、将来大変な目に遭わないように頭の中で努力をしていました。自分が真面目に正しく生きるために。でも、そうして街を歩いていると「あのおじさん道にゴミを捨てた！」とか、いつも目につくことは嫌なことばかりなのです。

いつも不快なことに注目し、最悪を想定していれば「最悪なことは起きない」と考えて、そちらの方に行かないように努力し続けているのです。けれどもそれでは頭の中は常に不快なことでいっぱいで楽しくないのです。

そこで「自分で努力をしないで直感力に任せちゃう！」というある意味、私にとって逆の生き方をやってみます。常に「不快」に注目を向けていたのが、その不快を「見ない！」として、自分の頭で考えて最悪を避けるのではなくて、自動的に「快（楽しい～！）」を選択してくれる直感力に任せてしまうのです。

不快なことに注目を向けていた時は直感力が働かなかったのですが、「見ない！」と不快を片っ端から打ち消していると「あれ？　脳の直感力の部位が使えるようになってきた！」となります。

何が起きるかというと、たとえば「今日の弁当は何を食べたいですか？」といった場面。頭の中でいろいろなメニューが思い浮かびますが、直感的に「今日はさっぱりしたフォー（ベトナムの米麺）のようなものが食べたいですよね！」と言うと「なんでわかったの？」とびっくりされます。

「こんな暑い日が続いて、あっさりしたものが食べたくなりますよね」

「そうそう」

「あのつるつるとしたフォーの喉越しがたまらないですよね！」

「いいね～あのつるつる感！」という感じになります。

不快に注目を向けていると、常に戦っていなければいけない感じになるけど「見ない！」と直感力に任せた時は「自分一人じゃないんだ！」と思えるようになります。自分一人でがんばって守らなければいけないと思っていたけど、そんな必要はなく、イエスセットを使ってどんどん周りの人に味方になってもらえばいいんだと思えるようになってきます。直感力に導かれて、安心感を得られ、孤独からも解放されていくんです。

孤独で直感力が使えなかっただけ

スポーツの試合でも、ホームとアウェイでは、選手たちの力の発揮の仕方が違ってきます。

私もセミナーなどで話をする機会がありますが、ホームとアウェイでは話しやすさが格段に違います。応援してくれる方がいっぱいのホームでは直感力がバリバリ働いて、次から次へとおもしろい発想が出てきます。ところが学会などのアウェイでは「うわ～悪夢が現実になった！」という感じです。

応援してくださる方と「一体感」を感じている時、私の脳は安心して、直感力の部位である尾状核が「静か～！」になっているからバリバリ直感力が働くのです。

アウェイだと「あ～批判されるかも？」とか「全然わかってもらえていないよ！」ということで尾状核が「ビビビッ！」と発作状態になっているから「未来の失敗した自分の脳にしかアクセスできない！」となってしまって「ダメだ～！」となってしまうのです。

ホームが「一体感」であったら、アウェイは「孤独」になります。そう考えると、直感力がうまく使えない原因は孤独にありそうです。

これまで他の本でも「嫉妬の発作」ということを書いてきました。嫉妬の発作を起こすと、その人の脳は破壊的な人格に変身し、相手に精神的なダメージを与える酷いことを言っているのに「私は正しいことをやっている」と信じて疑いません。

嫁姑の争いも嫉妬の発作が原因。「そんなこと言ったら嫁姑の関係が悪くなる！」という言動をしてしまうのは直感力が働いていないから。その根底には「息子の愛がこの嫁に奪われた」という孤独があるのです。

嫉妬の発作とは別の発作も孤独が引き金になります。過剰に食べてしまう過食発作も孤独が引き金になります。浪費の発作も孤独が引き金。

「電車の中で倒れてパニックになるかも！」というパニックの発作も「ここで倒れて恥をかいてしまったらみんなと違う存在になってしまう」という不安には孤独が隠れています。

どの発作も孤独が引き金になって「破壊的な人格」に変身してしまうから孤独がさらに増幅してしまう。発作で孤独がどんどん強くなり、発作が止まらない悪循環になってしまうのです。

ですから「不安」なことを一人で一生懸命に考えて「未来のために対策を立てる！」ということをやっていると「一人でやっている」という孤独から発作が起きて「直感力が使えない！」となる。知らず知らずのうちに発作を起こし破壊的な人格に変身して、自分や周りに身体的、精神的なダメージを与えて、ますます孤独になる環境を作り出してしまうのです。

「見ない！」というのは「一人じゃない！」と孤独を打ち消す魔法の言葉。不安になった時に「見ない！」と言って、未来の自分にその失敗の時間軸を任せてしまう。未来の失敗した自分は現在の自分に対して「お前はうまくやれよ！」と応援してくれています。

「見ない！」を連発すればするほど「たくさんの未来の自分が味方になってくれている！」という感じで孤独から解放されて、脳の尾状核が凪になり「ピ～ン！」と直感力を働かせてくれる。そして、孤独とは逆の幸せな世界へと導いてくれる。

その直感力が使えるイエスセットに至っては「孤独を打ち消す特効薬」になるから、使えば使うほど「直感力が働いて無敵になる～！」という感覚が得られるのです。

「孤独で発作」を知れば展開が変る

私が会社に勤めていた時、夏の炎天下の中歩いて、相手先の会社に行ったのに、担当者不在で、門前払いされたことがありました。実際に電話をして、アポイントメントをとって、わざわざ暑い中、電車に乗って駅から遠い道のりを歩いてきたのにです。

誰も自分を見てくれない状態の中、働いている皆さんにお辞儀をして私は会社を後にしました。炎天下の中を歩いていると惨めな気持ちがどんどん膨らんで涙が溢れて来ます。担当者に怒りが湧き、約束を守らないような人を見抜けなかった自分のバカさ加減に腹が立って「バカ！バカ！」と自分の頭を殴りたい気持ちになります。

手ぶらで会社に帰ると、報告もしていないのに、誰からも自分は相手にされていないという感覚になります。みんなから「仕事のできないダメなやつ」と無視されている気分になって、机に座って何も書くことのできない報告書を目の前にしています。

このまま仕事ができず辞めさせられて、自分があの炎天下の中で作業着を着て汗まみれになって働かなければいけない未来が見えてきます。そこから抜け出したくて、この仕事を選んだのに、やっぱり自分はあそこに戻るしか選択肢が残されていない。そして、あそこに戻っても、うだつが上がらずに何もできずに一生が終わっていく、という絶望感が襲ってきます。自分の未来はどうすることもできない、という感覚に陥って、いつのまにか真っ暗な世界から抜け出すことができなくなっていました。

孤独をきっかけに発作が起きることがわかれば現実が変わってきます。ちなみに「発作」は脳内の電気の異常なので、脱水症状や脳に栄養が足りない低血糖状態でも起きやすくなります。脱水だと脳内の血流の塩分濃度が高くなって「電気が流れやすい！」状態が作られてしまうから「ビビビッ！」と発作を起こしちゃう、という感じになります。

お腹が空いた状態や睡眠不足でも、発作は起きやすくなりますが、一番の引き金は孤独です。孤独をきっかけに発作を起こすことを知れば現実が変わってきます。

営業の電話をしている時、相手と話をしていて「拒絶されて電話を切られてしまうかも？」

という瞬間に私は「拒絶」で孤独を感じて発作を起こしていた。そして、私の発作が相手に発作を起こさせ、相手がどんどん横暴な態度になっていたのです。

発作で怯えたような状態になっても、イライラしても「相手も発作を起こす！」となってしまう。そのため「約束の日時の記憶が抜けちゃった！」ということが起きていたのです。

「孤独で発作」を知ってからは、電話のやりとりが変わりました。以前だったら「拒絶されたくない」一心で下手に出ていたのがなくなりました。

「発作」を起こさなければ、話の展開が全然違ってきました。

「ぜひ、うちの会社に一度足を運んで、見学なさってください！」と強気な発言をしている自分がいました。もう、あの炎天下を歩く必要はありません。

炎天下の中を歩いて来た相手が、会社の入り口に立った時、私は涼しいオフィスの中から満面の笑顔でその人を迎え入れます。そして、冷たい麦茶でもてなすのでした。一体感を感じるために。

発作の止め方

私の場合「人から拒絶される」不安を感じてしまうと、涙目になる、目が泳ぐ、言葉がアワアワしちゃう、指先に力が入らない、足がガクガクする、胸がざわざわする、などの症状が出ます。一般的には動揺すると言います。動揺は、気持ちが落ち着かず不安な状態になること、平静さを失ってしまうことです。

その「動揺」を脳的に考えると「発作」を起こして、眼球や指先、足などの運動をコントロールする脳の部位に過剰な電気が流れて「ビビビッ！」と感電した状態になり、普段とは違ったおかしな動きになってしまうこと。そのきっかけとなるのが孤独です。

私の場合「楽しみにしていた約束を突然キャンセルされてしまった！」という時に発作が起きます。人によってはキャンセルされても孤独とは結びつかず発作は起きないのですが、私の場合は「拒絶された」となって、そこから発作が起きて自動的に孤独が広がって発作を起こし動揺してしまいます。

すると発作で体が思うように動かせなくなり「物を落とす」「歩き方がおかしい」「目つきがおかしくなる」などになります。さらに発作で「お先真っ暗だ！」「どうやってあいつに復讐してやろうか！」といった破壊的な思考にとりつかれてしまいます。

さらには発作で記憶の部位が刺激されてしまうと「過去の嫌なことが芋づる式に出てくる」や「肝心な記憶が抜けて忘れ物をしちゃう！」という具合になってしまいます。

こうして書いてみると私は発作で「ポンコツ人間」になってしまうわけです。「相手から無視をされた」「目をそらされた」「話をちゃんと聞いてもらっていない」という時でも発作が起きます。「自分は価値がない人間だから誰からも見向きもされない孤独」というのが根底にあるからちょっとした相手の仕草などで孤独を感じて発作を起こして「目が泳いじゃう！」とか「涙目になる！」となります。そのような身体症状が出れば出るほど「周りからおかしな人と見られてみんなから拒絶される！」となるから「ますます発作がひどくなる！」となっていました。

もう一つ厄介な「発作のきっかけ」は、相手が発作を起こしていると発作がひどくなることです。脳のネットワークは、相手に注目を向けた時に自動的に繋がってしまうからです。

一般的には「脳のネットワークなんかない！」と思われていますから、発作を起こした相手を見た時に「あの人はふてくされた態度を取っている！」となります。発作を起こしてしまうと表情筋や眼球をうまく動かすことができなくなるから「ふてくされた態度」になってしまいます。能面のような顔で眼球がうまく動かないから「目が据わっている！」という感じ。そして、発作の電気が記憶の部位などを刺激すると「記憶が幼児に戻ってしまった」となるから、余計に態度が子供じみた感じになり、面倒くさい感じになります。

それを見たら「私を嫌っているからこの人はこんな失礼な態度を取るんだ！」となって発作がひどくなり、「何よこの人！」となりながらも「どうして私はこんな人にバカにされる惨めな存在なの！」ということで孤独が余計にひどくなって「ビビビッ！」が止まらなくなります。

その人を思い出すだけで孤独が刺激され「ムカつく～！」となり「眠れない！」となり、睡眠がとれていないと発作が起きやすくなり「発作の無限ループだ～！」となっていたのが私でした。

この発作を止めるにはどうしたらいいのか。「見ない！」でも発作を鎮めることができますが、他の方法も伝授します。

まず頭に注目を向けます。そして、頭に空気が触れている感覚を確かめます。すると孤独が打ち消されていき、やがて脳内の電気発作が治まって「静か～！」になります。

寂しい時、頭を優しく撫でてもらうと安心して落ち着きます。それと同じことです。

「一人じゃないんだよ！」とゆっくりと優しく撫でられるあの安心感。

そう、私たちは空気を吸って生きています。その空気で生かされています。その空気が優しく「一人じゃないんだよ」と撫でてくれている。「そのままでいいんだよ」って。常に、絶えず、いつも。みんな同じ空気を吸っている。そして、その空気が優しく頭を撫でてくれている。

それに私たちは気がついていないだけだから、それを感じてみると孤独は打ち消されていく。

優しい風のありがたさ

車を運転している時、車間距離をちゃんと保っているのに、強引に割り込んでくる車があります。「なんじゃこいつは～！」と怒りが湧いてきました。たぶん、普通の人が見たら「この人、危ない人！」となってしまう。でも、そこが発作の仕組みの大切なポイント。

私の中で「割り込まれた！」というのは「舐められている！」とか「バカにされている！」という思考につながってしまう。子供時代にいじめられた経験から、ちょっと車が割り込んできただけで「自分が後回しにされている！」↓「バカにされている！」となって怒りが湧いてくる、という仕組み。

でも、実際は発作を起こしているだけなんです。

周りの人が私を見たら「仕事ができていて、家族だっているのになぜ孤独で発作を起こすの？」と思うはずです。その周りの人の私に対する印象も孤独を感じさせるカギとなります。「あなたは恵まれていて孤独なんか感じるわけがない！」というやつです。こう思われてしまうと「誰も私のことなんかわかってくれない！」という孤独を感じるのです。そこから「ビビビッ！」と発作を起こして、逸脱行動をしてしまうわけです。

あなたは心理カウンセラーなんだから、孤独なんかで発作を起こすわけがないでしょ！というのは「みんな同じ人間である」という枠から外されてしまっているから孤独を感じます。

さらに「心理カウンセラーのくせに孤独を感じて発作を起こすなんて最低！」と思われるのも孤独につながり、そして、発作を起こしてしまえば「あの人、心理カウンセラーのくせに発作を起こしている！」と一発でみんなが私から離れていき「あれ〜！」となって孤独で連続発作が起きて、という悪夢が常にそこにあるのです。

こうして発作の仕組みを改めて見てみると、人の中で孤独を感じないことは非常に難しく、発作を起こしてしまうとどうすることもできなくなってしまうのがよくわかります。

だから、お坊さんは修行をし、仏に祈るのでしょう。修行や祈りで発作から解放されると、そこには平和があり、幸せがあるのでしょう。

発作が不幸の幻想を作り出して、私たちが生きている世界を歪めてしまう。といってみんながお坊さんにはなれない。そこでお薦めしたいのが、「空気が頭を撫でてくれている」感覚を感じること。

これを初めてやった時に、ちょっとびっくりしたのが「何も頭で感じられない！」となったこと。ずっと孤独で発作を起こしまくっていたから、いつのまにか優しさを感じられる頭の感覚が麻痺しちゃっていたのです。それでも何度も試しているうちに、優しい空気が私の頭を撫でてくれているのが少しずつ感じられるようになってきた。

その感覚をもっと感じたいから、私は外に出て歩き出す。

優しいそよ風を頭で感じながら、私の孤独はいつのまにか消えていき、そして発作からも解放されていく。

なるほど！　外に出て頭を冷やしてくるって、こういう意味があったんだ！　と体験してみて初めてわかる。優しい風のありがたさを。

発作の目的を知ればスルーできる

〝発作〟が何をしようとしているのかを注意深く見てみると興味深いことがわかってきます。発作を起こすと破壊的な人格になって「あなたは間違っている！」と相手に非を認めさせたくなります。

運転中の割り込み、レストランでのタバコの煙、そして細かいことを注意してくる近所の人などに対して発作の電気を起こして「ムカつく！」となっちゃいます。その「発作」のきっかけとなるのが孤独です。車でもレストランのタバコでも「自分がバカにされている!」とか「舐められている!」と怒っているのは「存在を無視されている感覚」に近いのかもしれません。「気を使ってもらえない」というのは「自分の存在が無視されている」という〝孤独〟。その孤独により「あんたは間違っている!」と破壊的な言動をしたくなってしまう。なぜ発作によって破壊的な言動をしたくなるのか?

相手を力でねじ伏せたって、自分の孤独が解消されるわけではないから、虚しいだけ。ではなぜ?

それは、「あんたは間違っている!」と相手を裁いて「異常者!」とか「最低人間!」にして自分と同じように孤独にさせることが目的となっている。「相手を孤独にして、自分と同じような孤独を感じさせるためなのでは?」と考えられます。それは「自分と同じ孤独」を作ることで「孤独は自分だけ」から解放される、という幻想があるから。

実際にはそんなことはなくて、破壊的になって相手を孤独にさせればさせるほど、孤独は私の中で増します。発作で孤独を増やせば増やすほど、ブラックホールのように孤独が自分の中で大きく広がっていって、その大きな孤独の口の中にすべての光を飲み込んでしまうのです。「あいつは間違っている!」とか「あんな奴を成敗してやらなければ!」という正義感で自分は怒っているのだと思っていると、孤独は増す一方なのです。

ところが、ここが人間のおもしろいところですが、「私の発作の原因は孤独なんだ」とわかってしまうと発作が起き難くなるのです。「孤独を感じるから怒るんだ」と本質を知った時「あれ？どうでもいいじゃん！」と思えるから不思議。

そのように考えてみると私を不快にしてくる「発作を起こしている人」と接した時に、表面的な発作の症状は「見ない！」でスルーすることができちゃう。その表面的な怒りに本質は何もないから「見ない！」でスルーすると、その奥にある孤独が見えてきます。いくら相手が正しいことを主張していても、それが正しかったとしても、その奥にある孤独が解消されない限り発作は止まらないのです。

相手が発作を起こしていて、それが大きなブラックホールを作り出して、すべてを飲み込んでいきそうになっていても「見ない！」とその暗黒の部分をスルーしてしまうと、その中心にある孤独が見えてきます。中心にある孤独に触れた時に、泣き叫んでいる赤ん坊の姿が見えてくるんです。

孤独で死んでしまうかもしれない、と恐怖で泣き叫んでいる赤ん坊の姿が見えた時に「あ！自分も同じなんだ！」と私は声を上げて泣き叫ぶのをやめるのです。そう、泣き叫んでも孤独は解消されなかったから。

泣き叫んでいた時は、うまく呼吸ができなくて顔が真っ赤になっていました。でも、それをやめた時に大きく息を吸うことができます。息を大きく吸った時に、私が呼吸しているこの見えない空気で自分がやさしく包まれているのを感じます。そう、いつもやさしく私を包んで、どんな時でも私の味方になって私の頭を撫でてくれていたんです。

「見ない！」のまとめ

「自分はもうちょっと違う人生が歩めていたはず！」とか「今の自分の生き方に満足できない！」と思いながら変えられない。やらなければいけないことはわかっているのに、やり始めること、やり続けることができない。

「本来の自分で生きていない！」と思っている人の脳では「こうなったらどうしよう？」とか「あんなことが起きたらどうしよう？」と常に先のことを考えて「不安」や「心配」にとらわれ、それだけでエネルギーを消耗して「やるべきことができない！」という感じになっています。

不安なことを想像しているうちに、過去の不快だった記憶まで芋づる式に出てきて「頭が不快感でいっぱい！」となって「楽しいことをやる気分になれない！」と無気力状態になって「こんなはずじゃなかった！」と後悔の連続です。

そんな状況を変えるために、この「見ない！」の章では「別時間軸の自分の犠牲になっている！」というスクリプト（物語）を使って、本来の自分の姿に戻るアプローチをしています。

「別時間軸」なんて中二病（思春期の夢物語）みたいと思われるかもしれませんが、脳の直感力の部位である尾状核の過剰な活動を鎮めるためにできる興味深いアプローチかもしれません。

先のことを考えて「不安」という場合は「脳のネットワークで未来の自分の脳から伝わってきている不快感！」という捉え方をします。

私たちには日常の生活で選択肢がたくさんあります。「今日は会社を休む」という選択をするだけで未来が大きく変わります。休んだ未来、休まなかった未来、と未来は枝分かれしていて、たくさんの未来の自分の姿が実は存在していたりします。

頭の中に浮かぶ「こうなったらどうしよう？」とか「あんなことが起きたらどうしよう？」といろんなことが次から次へと浮かぶのは「たくさん未来の自分の脳とつながっている！」からというのが「別時間軸の自分」になります。

ここでのポイントは「あなたは先のことを無駄に考えている」というのを、リフレーミング（枠組みを変える＝見方を変える）をして「無駄なことをしているのではなく、別時間軸の自分から伝わってきている情報で未来を先取りして大きく失敗しないようにしている」という捉え方にしています。

「考えすぎ！」という無駄なことではなくて「未来の自分が助けようとして情報を送ってくれている！」という外在化の効果を持たせようとしています。

そして不安なことが浮かんだ時に「見ない！」と神経衰弱のカードをチラッと確認して見ないようにすると「別の不安」が浮かんできます。一つの不安（失敗した未来）をチラッと確認して、すぐに伏せることで「学習して未来が変わった！」となり「別の未来の失敗した自分がアプローチしてきた！」ということで「別の不安」が湧いてきた、という流れにしています。

一つの不安をぐるぐる考えるのではなくて「見ない！」とすぐに伏せてしまって、次から次へと浮かんでくるカードにも同様にすることでたくさんの失敗から学習できて「余裕で成功しちゃうでしょ！」というのが、尾状核が凪になって直感力がバリバリ働く状態である、ということになります。

「見ない！」を次から次へとやることで「決めつけない！」意識状態になり、尾状核を鎮める効果を狙っています。

あくまでも物語なのですが、尾状核が正常に働いて直感力が使える時に「未来の成功した自分の脳とつながって成功の方向に導いてくれる！」となるわけです。

そして、「見ない！」で開眼してしまうと人間関係の問題が出てきます。人間関係の中でも「真ん中に戻す」という恒常性の機能があります。わかりやすい言葉では「出る杭は打たれる！」です。

簡単に言ってしまえば「見ない！」で開眼してしまうと「ダメだよ、私よりも先に行っちゃ～！」と足を引っ張られてしまうことになります。

ちょっとでも健康的になったり、お金持ちの方向に進んだりすると、周りにいる人たちが足を引っ張ってくれるんです。そのために「イエスセット」が必要になります。イエスセットは、会話をしながら催眠に導入するテクニックです。私が使う催眠は「発作を治める」ことを目的にしています。発作とは「嫉妬」です。

「見ない！」で直感力の可能性が出てくると周囲の人の脳内で「嫉妬の発作」が必ず起きます。それに対してイエスセットで催眠に導入することで、嫉妬の発作が凪になり「周りの人も発作が治まって凪になったら直感力が使えるようになった！」という感じでウインウイン（win-win）になれるのです。

さらに「見ない！」で変わってきても「発作」が起きてしまうと「全然自分は変わっていないじゃないか！」と現実に引き戻されたような感覚になることがあります。これは、不安や緊張のホルモンにずっと漬かっていた人が、そのホルモンの量を減らすと「発作を起こしやすくなった！」という状態が起きるからです。

お酒を大量に飲んでいた人が突然酒をやめると「発作で飲みたくなる衝動が止められない！」と発作人格に変身してしまい「それまでお酒をやめていたのが無駄だった！」という状態に引き戻されてしまいます。

「不安」や「緊張」のホルモンも強力な薬物と一緒だと考えられます。すごく不安だった方であればあるほど薬が強烈に効いていたことになりますから「発作が起きやすい！」となります。

そこで「発作」のリフレーミングを使って「発作は忌み嫌うものではなくてお友達！」という流れを作りました。なぜなら「発作」は孤独で起きるから。この「孤独で発作が起きる」も一つの物語なのですが、発作は嫌えば嫌うほど酷くなる、という性質から、このスクリプトは発作を止めるカギとなります。

タネを明かしてしまえば、発作は脳の栄養が足りない低血糖状態で引き起こされます。緊張のホルモンは血糖値の乱高下を引き起こしますから、脳が低血糖状態で発作を起こしやすい状態を作り出してしまうのです。

そこで、緊張を打ち消す「安心」の感覚の「アンカー」が必要になります（アンカーは船についている錨のイメージで、安心の感覚を定着させる感じです）。

そのアンカーが「いつでも頭に注目を向ければ優しい手が頭を撫でてくれていて一体感を感じさせてくれる」というものです。私たちを生かしてくれている空気が「私たちを守るもの」として、いつもそばにいてくれる。そんなスクリプトになっております。

「見ない！」は、そこから引き起こされるさまざまなドラマが一つの大きな物語（スクリプト）となって、私たちの生き方をさらに自由にしてくれる、という流れになっていました。

一つ一つのテクニックが書かれているようで、そのテクニックが物語の一部となっていて「読んでいるだけで無意識に定着していつのまにかバランスを取ってくれる」ことを狙っています。

読んでいるだけで無意識さんが勝手に私たちを自由の方向に導いてくれるのです。

第2章

「聞かない！」でどんどん楽になる

「聞かない！」で「原因の間違い！」を判別する

ある人が仕事をしていたら隣の席の同僚が「なによこれ、ちゃんとやっていないじゃない！」と呟いたので、「あ！　私のことを怒っている！」と思ったんです。

「もー何度も教えているのになんでちゃんとできないのかな？」と同僚は聞こえよがしに言っているので、気になってしまい、手が震えてきて自分の仕事どころじゃなくなってしまいました。

でも、不機嫌そうに仕事をしている同僚の態度にだんだん腹が立ってきました。我慢しきれなくなって「なんか言いたいことがあったらちゃんと言えばいいじゃない！」とキレてしまったんです。

同僚は「はあ？　ちゃんと仕事もできもしないで何を言っているのよ！」と一番言われたくないことを言ってきました。

誰よりも一生懸命に努力をして仕事に打ち込んでいるのに否定され、涙が溢れてきそうになります。

「なに、ふてくされてんの！　あんたがつっかかってきたんでしょ！」とさらに言われ「本当にこいつのこと嫌い！」「顔も見たくない！」となってしまいました。

後日談ですが、同僚が「なんでちゃんとやっていないのかなぁ！」と呟いていたのは、その日出勤していなかった上司に向けてのことでした。

さらに同僚はその日出勤する前に母親から「どうしてあんたは自分の部屋の片付けができないの、まるでゴミ屋敷のようじゃない！」と言われて「ムカつく！」となっていました。「仕事がものすごく忙しくて、帰ってきたら疲れきってそんなエネルギーが残っていないのを母親はちっともわかっていない！」という感じで通勤電車の中でもイライラしていたのです。

そんな時に、隣の同僚からいきなりキレられて「踏んだり蹴ったりだ！」となって「誰も私のことをわかってくれない！」と怒りまくっていました。

これが「相手のイライラの原因の予測が間違っている（帰属エラー）」で起きる現象になります。

会社員の方は、同僚の声のトーンや言葉を聞いて「私に対して怒っている」と怒りの原因を自分に結びつけてしまいました。さらに同僚のイライラした態度も「私に対する怒りを表現して私を不快にさせようとしている」と解釈してしまいます。

脳のネットワークから同僚の「苛立ち！」と「ムカつき！」が伝わってきて、今度はそれが「同僚に対して私は怒っている！」と会社員の方は解釈してしまいました。

同僚が発した言葉は、上司に向けた苛立ちですから「間違い！」になります。苛立った態度は出がけに母親に不快な態度を取られたからで「間違い！」になります。さらに、脳のネットワークでは、相手の怒りなのに自分が怒っている、という「間違い！」をしてしまい、「怒りが止まらない！」となってしまいました。

本当の原因がわかれば「腑に落ちる！」という感じで「怒りは静まった」となります。ところが、原因の間違えを繰り返してしまうと、どんどん怒りが増幅していく結果になってしまうのです。

ですから「怒りがいつまで経っても収まらない！」という場合は原因が間違っている可能性があります。

だから「聞かない！」がものすごく大切になるのです。

「でも、聞かなかったら相手との関係がますます悪くなるんじゃないの？」と不安になってしまいます。そこで「相手が本当に私に対して怒っているのか？」を簡単に特定する方法を紹介します。

拍動を確かめるのです。

人間は動物です。動物は「危険が迫ってきた！」となったら「緊張のホルモンがドバドバ！」

と分泌されるから、そのホルモンのせいで心臓の動きが早くなります。脈拍が「どっくん！　どっくん！」でなくて「ドク！　ドク！　ドク！」という感じで普段の倍以上の早さになります。相手がこちらに怒りを向けている場合は、動物的に言えば「危険！」となりますから「緊張のホルモンがドバドバ！」となり「脈拍が速くなった！」となるはず。

そこで「聞かない！」として、ほかのすべての音を無視して脈拍に耳を傾けます。すると「どっくん！　どっくん！」と聞こえてきます。これは実際に音となって聞こえなくても「聞いている」という体で心臓の動きの早さを確かめるだけでいいです。

脈拍以外の音をすべて「聞かない！」として、脈に耳を傾けるようにしたときに「どっくん！　どっくん！」となっていたら「あ！　私に対しての怒りじゃないのね！」と動物的な本能を利用して確かめることができます。

「聞かない！」として脈に耳を傾けたときに「ドク！　ドク！　ドク！」と１分間に１２０回以上脈を打っていたら「あ！　私に怒りを向けやがっている！」となります。その場合は「戦う！」か「逃げる！」です。そのような選択を適切にできるようになります。

つまり「聞かない！」で「原因の間違い」をなくし、楽になることができるのです。

ちなみに「どっくん！　どっくん！」と確かめていたら、途中で「ドクドク！」として「私の心臓は大丈夫かしら？」と気にしちゃったら脈が早くなっちゃった～！ というのは「間違い」です。途中で「ドクドク！」してもいいですから「1分間に120回以上ある？」かを10秒間だけ確かめてください。10秒確かめて、その数に6をかけると1分間分になります。

これで確かめてみると「原因の間違い！」が意外に多いことに気づき、「聞かない！」が便利だということがわかってきます。

「聞かない！」で集中力アップ！

舞台を観に行こうと、入口の前で並んでいたら、たくさんの人がいてガヤガヤしている中で「ねえねえ！ 今日の主役の人って結構性格がきついって知っていた！」という声が耳に入ってきました。盗み聞きをしたくないのだが、耳に入ってしまうからしょうがない。「どこからそんなネタを仕入れてくるのか不思議！」と感心していると、今度は後ろの方から「この監督さんとあの演者さんが付き合っているみたいよ！」という声が耳に入ってきます。さっきまで、斜め前の人の話が耳に入ってきて「聞きたくないけど聞こえちゃう！」となっていて、まだその人たちは大きな声で話しているのに、私の耳は斜め後ろの小さな声の内容を聞き取っていました。

耳ってすごいなと思う。たくさんの人が、それぞれ違った音量で話をしていても、そこからちゃんと注目を向けた相手の話を聞き取ることができる。この現象を心理学では「カクテルパーティー効果」と言います。カクテルパーティーのようなざわざわしている場所でも、興味がある会話や名前を聞き取ることができるからです。

周りの人が話をしていて「私のことを悪く言っているのかな？」と不安になってしまうと、さまざまな音の中から鈴虫の声を聞き分けるように、なんでもない会話の中から「私の悪口」のキーワードだけをピックアップして「私のことを言っている！」と心乱されてしまう。

でも「聞かない！」として、「自分の呼吸の音」「自分の心臓の拍動」と注目を絞っていくと「あれ？　なにも耳に入ってこなくなった！」と心が平和になっていきます。

私たちは「興味があるもの」を自動的に耳が選択して聞き分けていますが、特に意識していない時は「人から見捨てられる」恐怖で音を聞き取ってしまいます。

図書館で本を読んでいる時に、突然「バン！」と人が本を落とした音が耳に入ってきます。その瞬間、音の大きさ、その質から「あの人は私のことを嫌っている！」と全然関係ない人なのに考えてしまいます。

「私があの人がいつも座っている席を取ってしまったから怒っている」と考えてしまうんです。

それから、その人が机で「カツカツカツ」とペンで書いている音だけで「私に対して嫌がらせをしている」となって「ムカつく！」となります。「誰からも嫌われて見捨てられる」というのがあるから、関連する音を選択して聞き取って、自分自身に結びつけていくのです。

そして「こんなに惨めで、一生懸命に生きている私を見捨てて、なぜ嫌うのか？」と、今度は怒りに変わり、攻撃的な気分になって、相手に向けて本を「バン！」と暴力的に閉じたりしてしまう。すると、周りは「シーン！」となり、ヒンシュクをかっている音が聞こえてきます。このままでは図書館からも締め出されてしまう～。

そんな時に「聞かない！」で「拍動の音を確かめる」を実践してみます。呼吸に耳を傾け、心臓の鼓動に注目を向けようとしますがなかなか聞き取ることができません。そこで、自分の体の脈が打っている感覚に合わせて「どっくん！　どっくん！」と自分の中で効果音をつけてみることにしました。すると「どっくん！　どっくん！」と思っているよりはゆっくりと心臓は血液を送っていたんです。1分間に120回以下なので「原因の間違い！」だとわかります。

「これって私の聞き間違いだったんだ！」と素直に感じられるようになります。

やがて、私は目の前の本に集中して読み進めることができて、それまでまったく頭に入らなかった内容が「理解できるかも！」となってきます。誰かがドアを「バタン！」と大きな音で閉めた時も「どっくん！　どっくん！」という音を意識すると、目の前の素敵な本に集中することができます。

こんなに集中するのは簡単なことなんだ！　と音を探しに行かないだけで集中力がアップして、自分のやりたいことだけに専念している自分がいてびっくりしました。「聞かない！」は私を苦しみから簡単に解放してくれたのです。

無意識さんの音に耳を傾ける

今日は曇っているから窓を開けて本を読んでみようと思って窓際に座って本を読もうとします。鳩が「ポーポーッポッポ」と鳴いています。そのうち、鳩の「ポーポーッポッポ」が気になりはじめ、本の内容に集中できなくなりました。イライラして、自分でも自分が嫌になるのですが、一度気になってしまったらどうすることもできない気がします。

そんな時に引きこもっていた時のことを思い出しました。買い物に行かなければ食べるものがない状況になり「行かなきゃ！」と思うのだけど「外に出るのが怖い！」となっていたんです。そんな自分にびっくりしていました。

これが噂に聞く引きこもりの症状なのか。本当に外に出るのが怖いとリアルに恐怖を感じて

「動物って本当におもしろいな！」と感心しました。

ある引きこもりの研究があり、マウスの実験で他のマウスから隔離されればされるほど、脳内のタンパク質が増えて恐怖や快感に関係する脳の部位の活動がうまく機能しなくなる、という結果になっていました。

これに当てはめると、引きこもっていた時、私の脳内では、タンパク質が増えて「恐怖がコントロールできない～！」となっていたのです。鳩の声が気になるからと、自分を引きこもりのように刺激のない世界に隔離しようとすればするほど「脳内のタンパクが増えちゃう！」という現象が起きるのかも？　と考えてみると興味深くなってきます。

「え～い！」と恐怖を感じながらも人混みの中に入っていくと「あ、脳内のタンパクが少なくなってきた！」という感じで「周りの人のことが気にならない！」となるから不思議。

「ポーポーッポッポ！」という音だけに集中していた時は「気になる！」となっていたが、スズメの鳴き声、遠くで走っている車の音、そして草刈機の音なども聞いてみます。そして、自分の呼吸。さらに、耳をすませば心臓が血液を送り出す音まで聞こえてきます。そんなことをしていると、いつのまにか「ポーポーッポッポ」を「聞かない！」ができているのです。

「不快な音」と決めつけてしまうと「それが気になって仕方がない！」とその音から自分を隔

離しようとします。すると脳内のタンパク質が反乱を起こして自分でコントロールできなくなります。隔離するのでなく「心地よい音に耳を傾ける！」をしていると、脳内のタンパク質が減って「聞かない！」が自動的にできるようになり「読書に集中できるようになった！」となります（脳内のタンパク質が減るというのはイメージしやすくするための物語です。でも、本当にあるかもしれません）。

私たちは、さまざまな音を聞き分けることができ、そして、注目すれば素敵な音に耳を傾けることができます。私たちは、意識して呼吸をしたり、心臓を動かすことはできません。「無意識」が呼吸も心臓の動きもコントロールして、私を生かしてくれています。素敵な音とは、無意識さんがコントロールしてくれている呼吸の音。そして、元気に生かすために動かしている心臓の拍動。それらに耳を傾ける時に、自然と不快だった音を「聞かない！」とすることができて、私の心を凪にしてくれます。私の心が凪になった時に、無意識さんは私が読んでいる本の素敵な物語の世界へと誘ってくれます。そう！　いつでも私は、素敵な音に耳を傾けることができるのです。

声のトーンで発作が起きる仕組み

私は声のトーンに敏感。レストランなどでも、隣の席の人の声が耳に入り、イライラしているなと感じると、「落ち着かない！」となってしまいます。ちょっとでも周りの人の声のトーンに不安や怒りが含まれていると目の前のことに集中できなくなって「声の主の気持ちを考えるのが止まらない！」となってしまうのです。

子供の頃に父親が会社の経営がうまくいかないという状況にあって、私はいつも「自分が悪いから父親がイライラしているのかな？」と怯えていました。

母親も姑との関係がうまくいっていなくて、いつも涙を流しており、私は「自分が悪いことをしたからお母さんが泣いている」といつも罪悪感でいっぱい。「みんな自分のせい！」と原因を自分に結びつける習慣がついていました。学校でも誰かが不機嫌そうな声のトーンで話をしていたら「自分が悪いから相手が不機嫌になっている」と原因の間違いを繰り返していました。

問題は「私のせい」と原因の間違いをしても「そうじゃないんだよ！　あなたのせいじゃない！」とは誰も教えてくれないで「そうだ、あんたのせいだ！」と私が責められてしまうこと。これはとても興味深い現象です。

母親と電車に乗っていて、母親が突然涙を流します。私は動揺して「お母さんどうしたの？」と尋ねます。すると母親がキレて「あんたがしつこいから嫌な気分になっているのよ！」とパシッと殴られます。そして、私の目からは大量の涙が溢れてきてしまうわけです。

その当時は、姑と母親の関係が悪いなんて想像もできず「自分のせいだからなんとかしなければ」と思っていたのです。

「原因の間違い（帰属エラー）」で私は大変な目に。母親の声のトーンを聞いて「自分のせい」と思い「なんとかしなければ」と思って声をかけたら「ひどい目にあう！」を繰り返していました。

私の場合、特にキリスト教の家庭に育ったので「人に悪く思われることが罪」という間違った考え方がいつのまにか刷り込まれていました。人から嫌われるようなことをする子は罪びとで「永遠の地獄に落ちる！」と思って、それが恐怖だったから「なんとかしなければ！」となっていたのかもしれません。

そして、大人になって「それは違うだろ！」と思っていても、不安定な声のトーンを聞くだけで「居ても立っても居られない」となって「なんとかしなければ！」となるのは変わりませんでした。

これは単純に「原因の間違い（帰属エラー）」をしてしまっているだけなのか？　実はおもしろい仕組みがあったんです。

私の場合「不機嫌な声のトーンで落ち着かなくなる」ということがあります。一方、その声のトーンの持ち主には「優しい声のトーンで発作を起こす」という特徴があったのです。「心配」や「優しさ」の声で発作を起こす人は「その声のトーンでどんどん調子が悪くなる〜！」となることもある。こちらが「大丈夫？」と心配の声をかけたら「お前のせいでどんどん調子が悪くなった〜！」と言わんばかりに「どんどん調子が悪くなる〜！」という訴えをします。

逆に考えると「心配」や「優しさ」の声のトーンで発作を起こす人は「心配されて迷惑じゃ！」と思っていいのだが、それで発作を起こしてイライラしたり、体調が崩れたりする仕組みなど知らないから「どうしてこんな状態になるの？」と混乱しているのです。

このような仕組みを考えてみると「私のせいで相手が不機嫌になっている」と思うのもあながち間違っていません。でも、あんなに怯えていた子供の私に「あなたのせい」なんてことは言えません。あまりにも自分を責めて苦しくて悲しかったから。

「ほら！　僕のせいかも？　と思った時は、心臓の音に耳を傾けてごらん！」と私は幼い私に言ってあげます。

「ほら！　耳を傾けてごらん！」

「どっくん！　どっくん！」と動いている音が聞こえてくる感じがするでしょ！

「うん。自分で音を言っているみたいだけど、どっくん！　どっくん！と言っている！」と嬉しそうに幼い私は教えてくれます。

心臓の音が「どっくん！　どっくん！」と言っていたら『あの声のトーンって私のせいじゃないんだ！』という印だよ！」と教えてあげます。

でも、幼い私は「でも、どっくん！　どっくん！　はいつもしているよ！」と鋭いツッコミをしてきます。

そうだね！　その心臓の音が「バク！　バク！」と今の倍以上の速さになったら「戦う！」か「逃げる〜！」の必要がある時なんだ、と伝えます。

幼い私は「そうか！　そうなんだ！　逃げてもいいんだ！」とちょっと悲しげ声のトーン。

いつも自分の責任は自分で取らなければいけない、と思っていたから「逃げちゃいけない！」と思って、常に相手の怒りの責任を請け負ってきました。たとえ、そこから逃げたとしても、幼い私は責任を負い続けていた。その責任を負えなくなるのがちょっと悲しいのかもしれません。責任を負わなくなることで、自分の価値が下がる気がしてしまう。今まで、それに自分の価値を見出していたから。

「だったら、僕はなんのために生きればいいの?」と幼い私は悲しい顔をして質問をしてきます。

「幸せを感じるために生きればいいんだよ!」と伝えてみます。

すると幼い私は「どうやったら幸せを感じられるようになるの?」と無邪気に聞いてきます。

そこで私は「幸せ以外の音は聞かない!」とすればいいんだよ、と教えてあげます。

幼い私は「子供だから適当なことを言っておけばいいと思っているでしょ!」と鋭いツッコミをしてきます。

それでも私は「幸せ以外の音は、聞かない!」をしていいんだよ、と伝えます。

もう、苦しみや悲しみを背負わないで生きていいんだよ、と。

すると、幼い私は「うん!」とある表情を浮かべて、だんだんと薄くなって私の中から消えていきました。

そして、私はいつのまにか、幸せの音に耳を傾けられるようになっていました。

知らず知らずのうちに。

「拍動に耳を傾ける」の種明かし

人の声のトーンから「あの人、私に怒っているのかもしれない？」とか「なんか私のことを嫌っているのかも？」と不安になって、相手に声をかけたら大変なことになります。

私たちが「不安になる」というタイプの人は「心配」とか「不安」の声のトーンを聞いただけで「ビビビッ！」と脳内に大量の電流が流れ発作を起こして破壊的な人格に変身して「お前のせいじゃ～！」と怒りをぶつけてきたりします。

一方、私の場合は「不機嫌な人の声で発作を起こす」ので、そんな声を聞くと「頭が真っ白になる」とか「居ても立っても居られない」になります。そして「私に向けられた不機嫌さや怒りでは？」と思い込んでしまうのです。でも、私の無意識は「私に向けたものじゃない」と知っています。

その無意識の判断を確かめるために心臓の拍動に耳を傾けます。無意識が「相手の怒りは、自分に向けられたものだ！」と判断した場合は心拍数が極端に早くなります。しかし、実際に確かめてみると、「1分間に60回しか脈を打っていない！」となり、違うとわかります。そこでスルーすると、相手は全然違うことで怒っていたことがわかって「危なかった～！」となるのです。

ある人が職場で「私のことを笑っている！」とか「私の悪口を言っている！」と思い、しょっちゅう嫌な気分になっていました。

職場の後輩の「どうしてあの人はいつもギリギリか遅刻をしてくるんでしょうね」という声が耳に入った時「私のことを言っている！」とムカつきそうになりましたが、ここで「拍動に耳を傾ける」をやるんだ、と思って心臓のあたりに手をあて、その動きに合わせて「どっくん！どっくん！」と頭の中で言ってみました。すると、そんなに心拍数は早くない。「あれは私に攻撃しているわけじゃないのかも？」といつのまにか穏やかな気持ちになります。

同僚が「バン！」と机にファイルを置いた時も、これをやってみると「あまり早くなっていないから私に対してじゃない！」となり「おかしいな？」と思うようになります。

いつもだったら家に帰ってもなかなか落ち着けず、いつまでたっても寝る用意ができないのですが「どっくん！　どっくん！」を聞くようにしていたら眠くなってきて、さっさと布団に入って寝てしまいました。

よく眠り、スッキリした気持ちで職場に行って、再び拍動に耳を傾けていると「あれ？　みんなけっこう優しいじゃん！」と笑顔で同僚が接してくれるのを素直に受けることができ、リラックスして仕事ができるようになります。「仕事ってこんなに楽しくて簡単だったんだ！」

と喜びすら感じられるように変化していました。

「あ、そうか！」と気がつきます。なかなか聞こえない拍動に耳を傾けることで、それ以外の音を聞かなくなるから、心が穏やかになったんだと。

人の言葉の向こうにあるもの

私は子供の頃から親に「なんであんたはちゃんと人の話を聞けないんだ！」と怒られていました。子供だからいろいろな失敗をしますが、そのたびに「ちゃんと真剣に話を聞いていないから！」と怒られていました。そのため人の話は常に真剣に聞かなければいけないと思い込んでいました。誰も私に「人の話を聞かないでいい！」とは教えてくれませんでした。

だから「聞かない！」というのが怖くてできませんでした。でもある時、清水の舞台から飛び降りるつもりで、友達との会話の中で「聞かない！」として見ると「お～！」という体験をすることができたのです。

人の話を真面目に真剣に聞いていた時は「この人は間違っている！」とか「私のことを馬鹿にしている！」というような感じで「周りの人と戦っている！」という感覚がありました。だから「人の中は疲れる～！」となっていたのです。

「聞かない！」と人の話を聞き流すようにしていると相手の気遣い、優しさが見えてきました。そう、私が真に受けていた言葉の向こうに相手の優しさや気配りが隠れていたのです。

私は言葉にばかり気を取られていたから、その向こうにあるものが全然感じられなかっただけ。「聞かない！」としてみると言葉の向こうに美しいものがたくさん隠れていて、私はただそれを受けて笑顔で頷いているだけで「幸せ」な気分に浸ることができました。

怒っている人の前でも「相手の話を真剣に聞いて反省しなければいけない」と思っていたのを「エーイ！」と思い切って「聞かない！」で相手の話を聞き流してみます。

すると「この人は孤独なんだ！」という、その怒りの言葉の向こうにある〝孤独〟に触れることができて、目の前で顔を真っ赤にして怒っている相手の印象が変わります。

そう！　私を攻撃する悪い人ではなくて、私と同じ孤独を感じて苦しんでいる人なんだ、ということがわかり、その怒りの気持ちがよくわかるようになります。「うん、うん！　孤独なんだ！」って。

すると「聞かない！」としているだけなのに、相手の怒りはすぐに鎮火して、相手と不思議な一体感が感じられます。相手の言葉にとらわれないでいると、私は言葉で着飾る必要がなくなって、素の自分で相手と向き合うことができて、不思議な一体感が感じられます。

「聞かない！」をしてみると、その言葉の向こうにある相手の本来の姿が見えて、そこから一体感が感じられます。ずっと求め続けていたものが「聞かない！」に存在していたのです。

発作の向こうには静けさと共にある一体感があった

「あなたはいいアイデアを持っているんだから、それを最後まで完成させたらいいのに」と上司に言われました。

その人は上司の「最後まで完成させたら」という言葉から「中途半端な仕事をしていると思われている！」と受け取り、「私が抱えている仕事がどんなに大変かちっとも知らないで、いい加減なことばかり言いやがって！」と思い、上司に「いや、できる限りのことをやっているんですけどね！」と返しました。

上司は「あなたの才能を認めていますよ！」と伝えたつもりだったのに、その言葉で「むかっ！」としました。

そして「あなたはあまり仕事をやる気がないんですね！」と部下に言ってしまいます。

それを聞いた部下は「こんなに一生懸命にやっているのに、この上司は全く理解していない！これ以上どうやって努力しろっていうんだ！」と煮えたぎるような怒りを感じ、「はあ、あまりやる気はありませんね！」と言ってしまいます。上司はそれを聞いて「こいつ、ダメだな！」と思ってしまいます。

仕事ができると一瞬期待した自分が間違いだったと後悔し、最初に伝えた言葉をすべて撤回したくなります。さらには自分の下でもう働いて欲しくない、という嫌悪感が湧いてきて「顔を見るのも嫌！」という感じになってしまいます。

そして、上司は有能な人材を失い、部下は自分の才能を活かす場を失ってしまいました。（ジャンジャンジャンジャ～ン！）

専門家がこの上司と部下のやり取りを聞いたらコミュニケーションの問題にされます。上司も部下も、決めつける前にそれを確かめる必要があるのでは？　というようなアドバイスをされるでしょう。

でも、こんなアドバイスを専門家から受けても「事件は現場で起こっているんじゃい！」と言いたくなります。そんなアドバイスではうまくいきっこない、と。

確かにそうなのです。なぜなら、別の上司と部下の組み合わせであったなら、同じセリフを言ったとして「才能を認めてくださってありがとうございます！　最後までやりきるようにがんばってみます！」という言葉が返ってきたと思うので。

何が問題なのか。発作が問題なのです。

「あなたはいいアイデアを持っているんだから、それを最後まで完成させたらいいのに」という言葉で部下が発作を起こした、と考えられるのです。人の「心配や優しさ」で発作を起こすタイプ、あるいは「間違い」や「失敗」で発作を起こすタイプだったのです。「最後まで完成させていない」→「失敗を指摘された」ということで脳内で大量の電流が流れてしまう。

この部下の電流を浴びた上司も発作を起こし、さっきまで「こいつは仕事ができる」と思っていた印象が１８０度覆されて「こいつ！　全く使えない！」となってしまいます。

発作を起こしてしまうと、「相手をなんとかしてあげなければ」という外から見たら「優しい気持ち」になっていても、中身は変わらず「破壊的人格」なので相手を破壊してしまうのです。それとは逆の意図で声をかけていても、そうなってしまうのが発作。

だから「聞かない！」は大切なのです。

「聞かない！」とすると発作が起きないから、ちゃんとした相手の意図が感じられます。私のことを大切に思ってくれているんだとわかります。

「聞かない！」が難しいなら、心臓の拍動に耳を傾けてみてください。

すると脳は凪になって、相手が認めてくれていることを実感できます。不思議な一体感が言葉の向こうには常に存在しているのです。発作がそこに行くことを常に阻んでいるのだが「聞かない！」をすると、すんなり一体感の世界へと入っていけるのです。静けさとともに。

言葉はただのおもちゃ

人が発する言葉の一つ一つに気を取られてしまうと「相手の本質」が見えなくなってしまいます。言葉はその人の表面的なものしか表現できないし、さらに、その言葉を聞いて発作を起こしてしまえば、耳から入ってくる言葉はすべて歪められてしまって「悪意」とか「わがまま」や「戯言（たわごと）」としか聞こえなくなります。

ある時、私は取材を受けることになって「聞いてもらう」という立場になりました。取材してくださる方の質問に一生懸命に答えていたのですが、ある瞬間に「あ！　この人発作を起こした！」とわかります。

取材者の顔が能面のようになったので「この人私の話に納得をしていない！」と思い、焦って「納得してもらおう」と説明をすればするほど、能面の顔がひどくなり、取材をする人が「ドン引きー！」となっていったのです。

取材が始まった直後は笑顔で「興味深い！」という態度で聞いていたから、最初から「興味がなかった」というわけではありません。可能性として考えられるのは「すべて、ちゃんと聞かなきゃ！　そしてこの人のことを理解しなきゃ！」と真面目に聞けば聞くほど「この人のことは理解できない！」となってしまったということ。

言葉はその人の表面的なことしか表現できないから「言葉からこの人を理解しよう！」と思っても「無理！」となるのです。

だから取材者が「聞かない！」をして、その人が発する表面的な言葉でなくて「この目の前の人の正体は何？」ということに注目をした時に「なるほど！」と、相手のことを本当の意味で理解できる可能性が出てくるのです。

取材者が目の前にしていたのは、たくさんのおもちゃがあって「このおもちゃ、すごいでしょ！」と自慢げにおもちゃの説明をしている子供でした。その子供は、目の前に座っている大人に自分のおもちゃに興味を持ってもらって、一緒にそのおもちゃで遊んで欲しいだけでした。

そんな子供の言葉を間に受けてしまった取材者は「私には理解できません」と悲しい顔をして去っていきます。

幼い子供は「え？　理解するんじゃなくて、一緒に遊んで欲しいんですけど！」と呆気にとられて寂しい思いをしています。そう！　その装飾がたくさんついた言葉の裏には幼い子供が隠れていました。そして、一緒に遊んでほしいと思っているのだが「言葉」に気を取られてしまうと、その意図がわからずにお互いに悲しい思いをしてしまいます。

だから「聞かない！」と相手の話を聞くのをやめてみるのです。すると、その言葉の後ろに隠れている子供の姿が見えてきます。そう、みんな本質は一緒。「聞かない！」で言葉にとらわれることから自由になれば、みんな本質が同じことが心の目で見えるようになる。そう、みんな本質は幼い子供。

そして、自分も「聞かない！」でその言葉から解放されれば、自分の本質の姿に戻ることができて、幼い子供どうしで一体感を感じることができます。いろんなおもちゃで遊びながら。そう、言葉はただのおもちゃなんです。

拍動が教えてくれること

ある方が姑の言葉にいちいち反応して「ムカつく～！」となっていました。

仕事からの帰りが遅くなる時に、子供の食事の面倒をお願いすると、姑は「私はあなたたちの子守じゃないのよ！　こっちだっていろいろやることがあるんだから！」と言われて、その女性は「もう、絶対にこの嫌味ったらし姑には頼らない！」と腸が煮え繰り返るような感じになりました。

そんな嫌な気持ちになったことを夫に話したら「おふくろだっていろいろ事情があるんだろうから」と面倒臭そうに、そして何気に姑の肩を持つ夫に「ムカつく〜！」となってしまいます。

この嫌な気持ちから逃れることができなくて、姑の顔を見ると吐き気がしてくるようになってしまいました。「姑が嫌だ！」という気持ちでいっぱいになって、その感情から抜け出せないし、抜け出したくないような感覚になっています。

こんな状態になると「聞かない！」はどうやったらいいの？　という感じになるから「聞かない！」をするために「拍動に耳を傾ける」をやってみます。

怒り心頭で心拍数が上がっているように思うのだが、自分の呼吸の音に耳を傾け、そして自分の拍動を聞こうと耳をすませると「聞こえない！」となるから、自分で心臓の動きに合わせて頭のなかで「どっくん！　どっくん！」という効果音をつけながら、拍動を確かめてみました。

すると拍動はそんなに速くありません。その音を聞いていると、だんだん心の中が静まってきて「嫌〜、このまま怒りを手放すのは〜！」という気持ちが湧いてきてちょっとおかしくなります。姑に対する嫌悪感が苦しくて「ここから逃れたい！　自由になりたい！」と思っていたのに、いざ、心が静まってくると「手放したくない！」となるのは、怒りがあった方が何かと便利なのかもしれない、と女性は考えます。

姑に対する怒りがあった方が、夫が味方になってくれるかもと思っているのかもしれない、と考えていましたが、逆に怒れば怒るほど夫の心は離れていっていました。

「どっくん！　どっくん！」を聞いていると、夫のあの言葉の向こうには「こんなにあなたのことを愛しているのにそれが伝わらない悲しみ」というものを抱えていた少年がいました。

「どっくん！　どっくん！」と拍動に耳を傾けていると、姑の言葉の向こうに「腫れ物扱いをしないで！　一緒に仲良く遊びたいんだから！」という少女が隠れていました。

「あ、これか！　聞かない！　で言葉の向こうにいる相手の本質を見るって！」とわかりました。

「どっくん！　どっくん！」と相手の言葉でなくて自分の拍動に耳を傾けた時に、相手の言葉は私を傷つけようとしているわけじゃないことが無意識に感じられます。そして、その人の言葉の向こうにある本質が見えてきます。

本質が見えた時に「みんな子供なんじゃん！」とわかるから「そんな大人のはずなのに！」という気持ちが湧いてきます。でも、自分の本質を見て「私も一緒で子供なんだ！」とわかります。

確かに、大人に愛されたい、という気持ちから、周りの人たちを「大人！」と一生懸命に認識しようとしていました。でも、自分が求めていた大人の愛が返ってこないのは「みんな本質は一緒で子供！」だったから。

そうしたら「私はどこから愛をもらえばいいの？」とちょっと不安になります。

そんな時に「どっくん！　どっくん！」という拍動が「ここにあるよ！」と教えてくれるのです。いつもそこにあるよ、って。

辛辣な言葉の裏にある不快感

アルコール依存症の治療現場はイメージとしては「戦場」です。患者さんたちが突然キレて悪口を言われるのですが、その怒りの迫力と、言葉の威力はものすごい。まさに言葉の暴力です。治療者がそれに被弾して、精神的なダメージを受けてしまうのは日常的。言葉のダメージで身体を壊して仕事ができなくなる人、性格的にどんどん歪んでしまう治療者も数知れずです。

それを日常で体験している家族も、精神的、肉体的にボロボロになります。

発作を起こした人たちは、破壊的な人格に変身してしまいます。破壊的な人格だから、自動的に相手がダメージを確実に受けるような言葉を発してしまう。普段「何も考えていませ～ん！」というような人が、発作を起こすと「どうしてそんな辛辣なことが言えるの？」というほどひどい言葉をスラスラと発します。発作を起こすと脳のネットワークのつながりが強くなるから、相手が一番ダメージを受ける言葉が次から次へと浮かぶようになります。本人は破壊的な人格なので相手がダメージを受けていることに気づきません。相手にものすごいダメージを与えているのにも関わらず「私の方がもっと傷ついている！」と攻撃の手を緩めることをしません。

けれども、考えてみると、似たようなことは普通の職場でもあります。嫉妬の発作を起こした相手から酷いことを言われ、精神的にダメージを受ければ受けるほど、相手の攻撃がひどくなって「あーあ！　潰れてしまった！」というようなことが少なくありません。

ここで私が一方的な被害者のように書いていますが、もちろん逆の立場の時もあります。発作は動物的なものですから。私は「相手にダメージを与えてしまうから、発作時は言葉を発しないようにしよう」としました。けれども言葉を発しなくても、相手はダメージを受けるのです。

ということは言葉だけではなくて、発作自体が不協和音を発していて、その周波数が相手の脳にダメージを与えているのです。

だから「相手が発する言葉を〝聞かない！〟」ではなくて「相手から伝わって来る不快感を聞かない！」ということが「聞かない！」には含まれているのです。

「聞かない！」は無責任なの？

「聞かない！」って実際にどういうこと？ と疑問に思う方もいるかもしれません。

「人からひどいことを言われても我慢するの？」それとも「聞いていないふりをしろっていうの？」と考えてしまうと混乱してきます。

ドラマなどで朝食を食べている時に、お母さんがお父さんに「おとうさん、子供が全然勉強しないいんですよ。お父さんがちゃんと言ってくれないからあの子は怠け者になってしまって、なんとか言ってあげてくださいよ！」と言っています。お父さんは新聞を広げながらお母さんとは視線を合わせず「うんわかった！」と気のない返事をします。

そんな感じが「聞かない！」なのでしょうか？

まあ、そんな方法もありますよねという感じです。

「聞かない！」というのは具体的に書くと「相手の発言を自分と結びつけない！」ということです。どんな発言にしろ「自分に何か原因があるのでは？」と考えてしまうと結びつけることになります。

「聞かない！」とは、相手が直接自分のことを責めている時でも「私の責任じゃありません！」という感じで「無責任になること」です。

「え？　そんなことしていいの？」とか「そんなの相手がかわいそうじゃない！」と思うかもしれませんが、実際は原因を自分に結びつければつけるほど相手の発作がどんどんひどくなり、破壊的な人格に変身して、相手の本当の姿が見えなくなるのです。「聞かない！」として、無責任に相手の話を聞いていた方が相手の本当の姿が見えてきます。

誰でも、自分の本質が相手に伝わらない時は孤独を感じて、発作を起こします。そのままの自分を相手に受け入れてもらった時に孤独は解消されますが、相手の言葉を真に受けてしまうと「相手のそのままを受け入れる」ことができなくなるから発作がひどくなるのです。

人間は面倒くさい動物で、言葉で説明して相手にわかってもらおう、受け止めてもらおうとすればするほど孤独が広がって苦しくなって発作を起こして、破壊的な人格になってしまいます。

恋をしている時は、脳を麻痺させるホルモンが分泌されているから、自動的に「聞かない！」がお互いにできて〝一体感〟が得られます。「聞かない！」を実践できれば、恋のホルモンを分泌しなくても〝一体感〟が得られるのです。

美味しいポジション

「聞かない！」によって「原因を自分に結びつけない！」や「責任を負わない！」を行っていくことのメリットは「直感力が使える！」こと。

あるマーケティング会社の方のカウンセリングをしていて、「先生って本当に相手の脳を使っているんですね～！」と感心されたことがあります。なぜならマーケティングの知識がない私がいろいろなマーケティングのアイデアをスラスラと話していたからです。これが直感力です。

「聞かない！」は「私がなんとかしてあげなければ！」と自分に責任を結びつけてしまうのを防ぐ効果があります。

「私がこの方のピンチを助けてあげなければ！」と思った瞬間に、直感力の部位である尾状核が「ビビビッ！」と過活動を起こし直感力が使えなくなります。直感力が働いてアイデアが次々と出てくるのは、相手の脳とつながって、相手の脳内にあるデータを拝借することができるから。

マーケティング会社の方から「先生って本当に空っぽなんですね！　いい意味で！」と言わ

れました。

プロフェッショナルになればなるほど「責任を負わない！」となって「直感力がばりばり使える！」という美味しいポジションにつけます。それが「聞かない！」でできるのです。

責任を負うと、発作でどんどん重くなっていく。

責任を負わないでいると、どんどん軽くなって「美味しいポジションに到達～！」となるから不思議なのです。

責任感の裏に孤独が隠れている

行きつけの中華料理屋に行った時、若者の団体客が奇声をあげて、すごくうるさかった。以前の私はこんな時「他のお客さんの迷惑を考えないで！」と怒っていました。「他のお客さんの迷惑」と言いながら「自分の存在を無視されている」ことに孤独を感じて、発作を起こして怒りまくっていました。

しかし、そもそもその手前で「私がなんとかしなければ」と自分に結びつけた時点でアウト。なぜなら「自分が！」「私が！」という言葉の裏には孤独が隠れているから。

「責任を感じる！」という言葉は大切なことのような響きがあるが、その裏には孤独が隠れているから、知らず知らずのうちに相手の発作を増幅させているのです。「自分に結びつけない」という「無責任」は悪い響きがあるが「相手や周りを信じているから自分が責任を取らなくても大丈夫」という安心感がそこにはあります。「無責任」の間違った使い方は「自分が責任を取りたくないから無責任を演じる」こと。「責任を取りたくない」という時点で「責任」を感じているから孤独で発作状態になります。だから「無責任な人は最低！」と周りがその無責任に対して発作を起こしてしまうのです。「無責任」とは「周りの人を信じる」ということで「自分がなんとかしなければ！」という発作を起きなくさせる意図があるのです。

若者の奇声が聞こえた時、私は「聞かない！」とその奇声を自分に結びつけませんでした。そして、目の前の同僚の声に耳をかたむけたのです。「こんなにうるさい中でも、相手の声は聞き取れるものだな！」と感心します。音を聞き分けることができる喜びを感じながら、私は呼吸に注目します。すると、呼吸だけが私の耳に入ってくるから不思議。さらに拍動はこんな状況で聞こえるかな？　と耳を傾けてみると「どっくん！　どっくん！」と動いているのが聞こえてきます。「おい！　それってあなたが頭の中で言っている声じゃないか～い！」と自分で突っ込んでいたら、笑えてきてしまいました。こんなに騒がしい場所なのに。私の心は静かだったのです。

決めつけても間違っている

真面目だった私は「人の話をちゃんと聞いて反省しないと成長がない！」と思っていました。相手に怒られたら「自分のどこが悪かったのだろう？」と反省して、次から「ちゃんとしよう！」と自分の話し方、行動の仕方を変える必要がある。反省して自分の言動を直すことで「みんなから受け入れられる素晴らしい人になった！」とか「社会適応ができて、お金持ちになった！」となるのだ、と思っていました。

だから、私は相手の話を真剣に受け止め、傷ついても「自分が悪いからなんだ！」と、一生懸命に自分を変えようと努力しました。

けれども「ちっとも変わっていない！」という現実があり、周りから注意されます。いつまで経っても変らないので、周りの人は自分から離れていってしまいました。

すると今度は、私を注意してくる人や、私を責める人に対して「私に対するいじめだ！」とか「嫌がらせを言ってきている！」と怒るようになります。

「私を馬鹿にしているからそんなことを言ってきている！」とか「ちっとも私の本質を見てく

れない！」と相手に対して反発してしまう。

周りからは「あんた、それは思い違いだよ！」とたしなめられても、「人はちっとも私のことをわかってくれない！」と怒っていました。

でも「自分って何があるんだろう？」と考えた時に「何か素晴らしいものが自分の中にはある！」という確信みたいなものはあるのですが、実際は何も成し遂げていないので、ものすごい不安感がありました。

自分に自信はあったが、自分の行動を自分の力で変えることはできませんでした。

「勉強をしなければ！」と思うのですが「ちっともできない！」となっていました。これが大きく変わったのが大学で心理学を勉強するようになってからです。

教授から「心理学の学会で研究論文を出したらＡをあげる！」と言われて、成績が悪かった私と友人のウエインは「やります！」と手を上げました。

過去の心理学の研究を図書館で調べ、若くて性的なものに興味が高かったのもあって「信仰心と貞操観念の関係！」という研究を選びました。自分がキリスト教徒の家で育って「性に対する自由さがない！」と感じていたから、そんな研究をしてみたかったのです。

「性的に自由？」か、「性的なことに対して罪悪感が強いか？」かを調査するための質問用紙を何千通と配って協力をお願いすると、データがたくさん集まりました。

その結果は私を混乱させました。みんな考え方がばらばらで、そのデータからは何も見えてこなかったのです。私は単純に「宗教心が高ければ性的に自由じゃない！」と考えていましたが、そういうデータはわずかでした。

「教授～！」と泣きついてみると、教授はコンピューターから打ち出された紙を見て「お！　おもしろい結果が出ているじゃないか！」とほんの1分でおもしろさを見出してしまったんです。

「え？　私たち2週間コンピューターの前でにらめっこをしていて見えなかったんですけど！」とウエインと私は顔を見合わせました。

教授は「ほら！　見てごらんなさい！」と紙を指差して「女性の方が、信仰心が高ければ高いほど性的に自由である傾向が見えるでしょ！」と教えてくれました。ウエインと私が教授のすごさに感動していると教授はニヤリとしながら「ほら！　もっとおもしろいことは、女性とは逆に男性は信仰心が高ければ高いほど、性的に罪悪感を感じる、という結果が出ている」とデータを示してくれました。

このときから、私は「わかっている！」と思い込むのを止めました。人には何千通り、そして何万通りと限りない違いがあり「私が思っていることとは違うことがたくさんあるのだ！」ということを実感したからです。

人の話を聞く時に「相手の意図はこれだ！」という感じで「わかっている！」と思っていたけど、その相手の言葉の裏には何千、何万という可能性があって「私にはわからない！」ということが心理学の研究をやればやるほど見えてきます。「相手の意図はこれだ！」と決めつけると、間違っている可能性は非常に高いのです。

そこから「聞かない！」ができるようになりました。私の頭で決めつけても間違っている可能性が高いから。決めつけなくなると、体が勝手に動くようになりました。掃除、洗濯、勉強を「何も考えないで自動的にやるようになっている～！」というのでびっくり。それまでは「溜まりに溜まって！」とか「直前にならなければやれない！」という人だったのが、考えないで事前にこなせるようになっていました。

なぜそうなるのか、当時はわかりませんでしたが、最近の脳科学の研究で「決めつけ！」が直感力の脳の部位に影響を及ぼす、というのがあったからなるほどと思いました。

直感力がばりばり使えるようになると、すべてを幸せの方向へと導いてくれる人生の自動運転が始まりました。

人の気持ちを決めつけちゃうのは止められない

「人の気持ちはわからない、そして自分の気持ちすらわからない」と以前、本に書きました。「今、あなたはどんな気持ちなの?」と聞かれた時に、「ちょっと嫌なことがあって落ち込んでいる」とかとっさに答えてしまいます。私の場合、「落ち込んでいる」と答えたのに「本当かな?」と疑問が湧いてきてしまいます。「これって相手に同情してほしいから言っているのかもしれない!」って。

自分の本当の気持ちは探っていくとわけがわからなくなります。不快なことを思い出したら嫌な気分になるし、楽しいことを思い出したらウキウキします。何か悲しい出来事があった時でも「本当に悲しいだけなの?」と自分の中を探ってみると怒りがあったりします。さらに探ってみると「罪悪感も感じていた!」というように、人はさまざまな感情が複雑に絡み合って生活しています。

それなのに「私はあの人の気持ちがわかる!」と思ってしまうのは不思議な現象。「自分の正確な気持ちもわからないのに、どうして人の気持ちがわかるの?」と質問しても「いや、私にはわかる!」と妙な確信を持ってしまうのが「発作」なのです。

直感力が働いている時は、膨大な可能性の中から幸せになる選択ができます。ところが、人から誰かの悪口を聞いて脳の直感力の部位（尾状核）が「ビビビッ！」となると「あの人はこうだ！」と決めつけてしまいます。要するに発作を起こしてしまうと選択肢がどんどん少なくなっていくのです。

脳が発作を起こす理由はたくさんあります。

悪口を言ってくる人の脳はすでに発作を起こしているので発作が感染します。相手の話を真に受ける、ということは、相手の真似をしているのと同じ。ミラーニューロンの性質で、相手の真似をすればミラーニューロンが活発になるので、相手の話を真に受ければ受けるほどミラーニューロンが活性化して相手の脳の状態を真似して発作が感染するのです。だから「聞かない！」が有効なのですが、「あれ？　いつのまにか発作を起こしていた！」となってしまいます。なぜか？

たとえば「苦しんでいる人を見たら発作を起こす！」という特徴があると、苦しんでいる人を見ただけで発作を起こし、発作の波に飲み込まれ、不幸な選択肢しか見えなくなります。

以前も書きましたが、発達障害の傾向がある優しい男性が、いつものようにお母さんの買い物に付き合っていた時にお母さんが過呼吸発作を起こしました。その瞬間に、優しい息子が「オリャ～！」と苦しんでいるお母さんに殴る蹴るの暴行を働いてしまいました。発作を起こして破壊的な人格に変身したのです。そんな人がたくさんいるのです。

奥さんが病気になると、なぜか不機嫌になる旦那さんがいます。普通であれば優しく看病をするはず。ところが発作タイプの人は破壊的な人格に変身し酷い言動をします。それは瞬間的に起こることで自分ではコントロールできません。

それとは逆に、困っている人を見て発作を起こして「相手のお世話をするのが止まらない！」というタイプもあります。このタイプは発作を起こしても「困っている人を助けているんだからいいのでは？」と発作に気づいてもらえません。けれども、発作を起こしている本人も、お世話をされている相手も明らかにボロボロになっていきます。それは発作で破壊的な人格になっているから。破壊的な人格になって、真綿で首を絞めるように、優しくされているのにどんどん苦しくなっていくのです。

「不機嫌な人を見ると発作を起こす！」という人もいます。

旦那さんが会社で嫌なことがあって、帰ってきて不機嫌そうな顔をしていたら、それを見た奥さんが「おりゃ～！」とキレてしまう。その発作を受けて旦那さんの方も「おりゃ～！」となってしまうと夫婦喧嘩のいっちょあがり。「どこでもあることじゃん！」と発作に気がつきません。

本当は発作が原因なのに、友達に相談すると「旦那さんが優しくないからあんたのストレスが溜まっているからよ！」という「原因の間違い」を起こしてくれるのです。

「奥さんから怒られるかもしれない！」とか「上司から叱られるかも？」というのでも発作は起きます。

「うわ〜！ 怒られる！」と思うと「アワ、アワ、アワ」とうまく喋れなくなり「やば〜い！」となってしまいます。

とっさに「あ、嘘をついちゃった！」というのも発作の症状。嘘は発作です。嘘をつく瞬間の目は、発作を起こしている時の目になります。そして、一度嘘をつけば、発作で電気がどんどん帯電し、次々と発作が起き、嘘に嘘を重ねて辻褄が合わなくなってしまいます。

嘘は発作の症状だから、相手に嘘をついた時は、相手の脳に電流を流すことになるから、相手は破壊的な人格に変身して「なんで嘘をつくんじゃ〜！」と烈火のごとく怒ってしまいます。その怒りの発作で「やっぱり怒られた〜！」と脳内で発作を起こすから「ごめんなさい！」と謝罪しても、発作で能面のような顔になっているし、発作で自動的に嘘をつく症状があるから「謝罪が伝わらないんじゃ〜！」と火に油を注ぐ結果になります。

嘘に近い発作で最も興味深いのが否認（ここでは自分の問題を認めないこと）。

自分が「もしかしてこれって病気じゃないか？」と疑っている時に、医者から「あなたは病気です！」と言われると発作を起こし「そんなの嘘！」と現実を認めない。

「あいつのせいで病気になった！」というのも、責任を誰かに転嫁する、という発作の症状。

自分の問題を〝否認〟して「認めないぞ～！」とすればするほど、どんどん発作がひどくなり、今まで積み上げたものをぶち壊すことになります。

だから「聞かない！」がとっても大切になるのです。何を聞かないようにするのか。

孤独の足音を「聞かない！」です。

「孤独の足音を聞かない！」は便利な言葉

私が小学生の時、国語の授業で「大嶋、ここの箇所を読んで！」と先生から指されて、立ち上がって読み始めました。他の子が読んでいる時は「自分にもできる！」と思っていたのですが、いざ、自分が立って教科書を読もうとすると、思うように言葉が出てきませんでした。「アワ！　アワ！　アワ！」と声が震えて、漢字を読み間違えてしまって、周りの子供たちが「わーい、間違えてやんの！」と囃し立てました。「ばっかじゃないの」という声が耳に入ってきた時に、私は涙目になって「なんだよ！」と怒鳴り出してしまう。すると周りの子に「あいつ泣いてやんの！」と言われ「うるさい！」と教科書を机に叩きつけて、椅子を蹴っ飛ばし、教室から飛び出してしまったんです。

「キュ、キュ、キュ！」と誰もいない廊下に私の足音だけが響きました。私はその足音に耳を澄ましました。その足音がどんどん増えて自分を追いかけてくれることを確認したかったからです。でも響くのは私の孤独な足音だけ。

校庭を走っても、学校の正面玄関を抜けて、静かな街を走っても、聞こえてくるのは私の足音だけ。誰も追いかけてきてくれませんでした。

いつのまにか家に帰ってきてしまって、家に入ることもできずに大きな冷たいガスボンベの横に丸まって座って隠れました。「なんでこんなに涙と鼻水が出てくるんだろう？　こんなもの流れてこなければいいのに！」と思うのは、泣いたのが両親にバレたら「また、人前で泣いたな！」と「バシッ！」と殴られるから。

いつのまにか眠り、家の中の電話の音で目がさめました。担任の先生から母親への連絡だとわかりました。

電話の後で、玄関のドアが開き、冷たい足音が響いて近づいてきました。母親にすぐに見つかり、「今、先生から電話があったから！」と言われて、玄関のところまで引きずられ、ほっぺたを「パシッ！」と殴られました。「ごめんなさい～！」と泣きながら母親に許しを乞います。

いくら謝っても許してもらえません。何度もひっぱたかれ、最後は玄関の冷たいタイルの上に放置されたまま、母親の足音が「タッ、タッ、タッ」と家の中に消えていきました。

このお話は何度か書いていますが私の「発作」という観点で振り返ってみると非常に興味深いのです。

教室で「わーい！」と囃し立てられた時に「私だけが間違えた」という孤独がきっかけで私は発作を起こします。他の子が同じように間違えても囃し立てられなかったと思います。

後日、当時の同級生と話す機会があって「あの頃はごめんな！」と謝られました。「なんであんなことをしたかというと、お前のことが羨ましかったんだよ！」と話してくれました。

私の家は借金取りに追いかけられるような経済状態だったのですが、「裕福で温かい家庭で育っている」と周りの子から思われて「羨ましい」となっていたわけです。

「わーい！」とやられたのは「羨ましい」というのが背景にあったから。それを私は「私だけ間違えたダメな子」と受け取って「私だけ間違えた」というところで孤独で発作を起こします。

発作で破壊的な人格に変身して「教室から飛び出す！」のですが、なんで飛び出したのかが、ここでの大きなポイントとなります。

それは「孤独の足音」が打ち消されるため、となります。「私のことを理解して追いかけてくれる足音が増える」ことで「孤独が解消される」という幻想の世界に入ってしまった、ということになります。

それは幻想なので、現実に聞こえてくるのは「孤独の足音」だけになるから、ますます孤独で発作がひどくなり、私は走り続けます。なぜなら、孤独の足音に耳を傾ければ傾けるほど発作がひどくなり、それと同時に「自分を追いかけてくれる足音があるはず」という幻想も大きくなるから。

現実は、発作を起こせば起こすほど、周りの人はドン引きして私から離れていき、私の孤独の足音だけが響いて私を孤独にして発作を増幅させる、という循環になっていたわけです。

今だったら、あの頃の自分に「わーい！　間違えてやんの！」と騒ぎ立てられている音を聞きながら「孤独の足音を聞かない！」と教えてあげられます。

みんなから囃し立てられて惨めな気持ちになってパニックになりそうな時に「孤独の足音を聞かない！」という言葉で「え？」と一瞬、戸惑います。でも、この「孤独の足音を聞かない！」という言葉が無意識に働きかけてカクテルパーティー効果で孤独以外の音が聞こえてきます。「うるさいよ！　誰だって間違えるじゃん！」という声がちゃんと響いていました。「お前のうちは羨ましいな」という声や「お前の母ちゃん優しそうでいいな」という声まで聞こえてきて

「あ、一人じゃないんだな！」となって、幼い私の発作が次第に収まっていく。
「孤独の足音を聞かない！」という言葉で、無意識が〝孤独〟以外の音を私に聞かせてくれて、幻想の世界から私を引き戻して、今、そこにある一体感を感じさせてくれる。

「聞かない！」は何のためにあるのか

「孤独の足音を聞かない！」はどんな呪文なのか。
「孤独の足音を聞かない！」をかみ砕いて書き直してみると「孤独をきっかけに破壊的な人格に変身する目的は、それで周りが自分に優しくしてくれて助けてくれる、という幻想があるからで、それだと悪循環になってしまう。その仕組みを知ることで発作が治ります」ということになります。

けれども小学生の私に「あなたは孤独を感じているから発作を起こして教室を飛び出したんだよ！」と伝えても「え？　孤独なんかじゃなくてみんなが悪いんじゃん！」とか「教師が守ってくれないからそこから逃げ出したんじゃん！」となります。

普通の人にこの仕組みを意識的な言葉で伝えても「そんな、なんでも孤独に結びつけりゃいいってもんじゃないでしょ！」と否定されます。

この現象は興味深い。アルコール依存症の治療でも孤独をテーマにグループカウンセリングをすると、必ず「なんでそんなことを話さなきゃならないんだ！」と患者さんたちが不機嫌になり「俺には孤独はないのになんで！」と怒り出したりします。

これは自然なことなんです。傷口は痛いから「痛いところは触りたくない！　触ってほしくない！」という動物的な防衛本能で反抗します。

まあ、痛い部分を触らない人生もありです。それこそ「見ない！」ですね。

みんな同じように、自分の中の孤独を否定して発作を起こしながら生きている。だから、それでいいじゃない！　というのが一般の人の考え方。それを知ってしまった方が生きづらくなるんじゃないの？　というのが「正解！」の世の中なんですね。

でも、私があえてそこに触れるのは、いつも「自分ばっかり貧乏くじを引かされる！」という人生だったから。人と同じようになるために、一生懸命に努力をして、そして真摯に人の言葉を受け止めてきました。すると、人の言葉に傷つき、人に絶望させられ、そしてすべての努力が無駄になる、という繰り返し。

「そんな人の言葉を真に受けなければいい！」とか「人に期待をしなければいい！」と言われて、自分でもそのアドバイス通りに生きるように努力してきました。でも、いつしか元の状態に戻ってしまっている私がそこにいました。惨めで貧乏くじばかりを引かされている私が、ボロボロになりながらも一生懸命に生きています。

人は「そんな生き方もあるんじゃないの！」と言います。それだから、いろんな気づきがあるし、苦しみからいろんなものが生まれてくるんじゃないのと言えるのは、この苦しみを知らないから。

人の言葉で傷つき発作を起こしている時は、本当に地獄の苦しみでした。あまりにも苦しくて自分の記憶から抜けちゃうぐらいでした。それを繰り返しているうちに「本当に脳の記憶の部位がダメージを受けちゃって記憶力に問題が！」とまでなってしまいます。

嫌なこと、不快なことばかりが頭に残ってしまって、覚えたいことが「ちっとも頭に入ってこない！」となるのは、発作で脳の記憶の部位にダメージを与え続けてしまったから。

なぜ、こんな手の込んだ方法で「聞かない！」が必要になるかというと、孤独が背後にあって「痛み」を感じるから。痛みを感じないで「孤独からの発作」を打ち消す方法が必要だから。

なぜ発作を打ち消す必要があるかというと、一つは脳のダメージを回復させるため。発作は癖になります。そして、発作を頻繁に起こせば起こすほど脳にダメージが与えられて「嫌なことしか記憶できない！」という特徴的な脳になってしまうのです。

でも、どうやら最近の科学では「脳は回復する！」という。頻繁に起こっていた発作から「聞かない！」で解放されることで「あれ？　脳の機能が違ってきた！」となるこの喜び。

そして、もう一つの「聞かない！」で得られるものは直感力。直感力がバリバリ働くようになる。一般人にとってはそれが当たり前のことなのかもしれません。

「聞かない！」ができなかった私は「いつも貧乏くじばかり引かされる！」となっていました。「聞かない！」ができるようになると、脳の直感力の部位が正常に働く。そして「普通の人のように美味しい人生が生きられるようになってきた！」となるから脳はおもしろいのです。

でも、これをやる時に「そんな普通の人のように美味しい人生を歩むなんて間違っているのでは？」と思ってしまう自分もいました。なぜなら、これまでの苦労をすべて否定しているような気がするから。

そんな時に人が「これまでの苦労があったからここまでくることができたんじゃないですか！」と意識的な言葉がけをしても伝わらない。なぜなら「これまでの人生」は苦痛に満ち満ちているから。

そこの苦痛に対して人が優しさをもって意味づけをしようとしても「痛い！」となるから、抵抗や反抗が起きてしまう。だから「反省しない！」が必要になるのです。

第3章

「反省しない！」で地獄から天国へ

反省の地獄

小さい頃から「布団の中に入ると一人反省会」の毎日でした。「何で友達にあんなことを言っちゃったんだろう？」「何であの時に調子に乗ってしまったんだろう？」と自分の言動の一つ一つが悔やまれて「どうしてこんなに自分はダメなんだろう？」と反省し「明日からはいい子になろう！」と計画を立てます。

この布団の中でしている反省は、決して「反省して明日がんばろう！」というさっぱりとした感じではありません。ドロドロ、ネチョネチョっとした感じで「自分の愚かさ、醜さ、そして人と決して同じになれない惨めさ」などの膿が次から次へと噴き出してくる感じでした。

親からは「ちゃんと反省していないから同じことを繰り返すのだ」とひっぱたかれていました。

毎日反省していたのに。

私の家庭の場合、ちょっと特殊で「キリスト教」というのが入っていました。罪を悔い改めなければ地獄に落ちると教えられていたので「罪を悔い改めて正しく生きる」という意味での反省が必要でした。

このまま罪を悔い改めないで、寝ているうちに死んでしまったら「地獄落ちじゃん！」という恐怖があったので「あのことも、そんなことも、申し訳ない！」とある時は、床に土下座をして頭を畳に押し付けながら「申し訳ない！」と反省しました。

後悔して、反省するネタは毎晩尽きない。毎日、苦しみながら反省します。

学校で「おはよう！」と女の子に挨拶をして無視をされます。すると私は反省グセがついているので「昨日、理科の実験の時に、ビーカーを支えてあげなかったから私は嫌われたんだ！」とすぐに浮かんできます。そして「なんで女の子から嫌われるようなことをしちゃうんだろう？」とそれ関連の記憶が芋づる式に引き出され「あの時も、あんな時も、私は女の子にダメなことをしていた！」と苦しみに襲われます。

「苦しみって大げさな！」と思われるかもしれませんが、本当に、胸に太い杭が「グサ！」と刺さったみたいな感じで苦しみが襲ってきて、その「後悔」という杭がなかなか抜けないのです。相手が自分に笑顔を向けてくれるまで、ずっと刺さりっぱなしで胸が苦しい感じ。

「しまった！」と後悔して「ちゃんとしなければ」と反省した瞬間に「グサッ！」と胸に刺さって苦しくなり、苦しみ悶える感じ。そんな苦しみ、誰にもわかってもらえません。

だから、一人でもがき苦しみながら「何でこの苦しみを誰もわかってくれないんだ！」と周りの人に怒ってしまう。怒ってしまうと、また、言動が優しくなくなるから「あ～なんであんなことを言ってしまったんだろう？」と寝る前になると「グサッ！」と後悔が刺さってきて「この苦しみから何とか解放されたい！」と一人で苦しみ悶えながら、私は反省を繰り返していました。

過去の失敗から「今度はこんな風に生きれば清く正しい子になれる」と思って反省します。なぜ、清く正しくなりたいかというと、私の場合は「地獄に落ちたくない！」という一心で反省していたのですが、不思議な現象が起きます。反省して清く正しい子になろうとすればするほど、私は失敗して絶望に苦しみ悶え、人から嫌われて孤立するという「地獄」に落ちていきました。

「こんな自分は絶対に救われない！」という絶望感の中にいながらも「反省」することがやめられない。

「今度こそは！」と思っても失敗を繰り返す。

反省して自分を変えようとすればするほど、人に嫌われ、蔑まれ、そしてバカにされて「なんて自分はダメなんだ！」と反省の材料が増えるだけ。

何にも知らない人がこれを読んだら「この人頭が悪いだけなんじゃないの？」と思われてしまうでしょうが、それが「誰からも理解されないこの苦しみ」なのです。こんなに反省して苦しみ悶えているのに誰からもわかってもらえず、苦しみが増していくこの地獄。

そんな私にある時、転機が訪れたのです。

反省は毒だった！

後悔は、しちゃったことを後から「何であんなことをしちゃったんだろう？」と悔やむこと。反省は、自分がしてきたことを振り返って「よかった！」とか「ダメだった！」と何らかの評価を下して、そしてそれを改めようと心がけることになります。

子供の私は、人間関係でも「余計なことを言ってしまったらバカにされちゃうし、相手を傷つけてしまうから喋るまい！」と思って「黙っていよう！」と夜に反省して「明日からはいい子になろう！」とか「立派な人間として生きよう！」と思うわけです。

そして「心機一転！」と学校に行くと、友達から「なにをお前はいい子ぶっているの？」とつっ突かれて「いい子ぶってなんかいないよ！」とできるだけ黙っていようとします。するとさらに「何で黙っているんだよ！　むかつく！」と言われて「え？　私は相手を不快にさせちゃっているの？」という感じになります。こんな感じで揺さぶられて、10分後には「また、僕は余計なことを言ってるよ！」という感じで元の状態に。

人間関係の反省なんて、こんなことが毎日でした。

「明日からは、バカにされない人間になろう！」と。そして、自分の失敗から反省して、言動を変えようとしたのですが何一つうまくいきませんでした。いつも惨めな自分に逆戻り。そして、布団の中で「反省会！」が始まります。

一番わかりやすかったのが「勉強」です。

「明日からはちゃんと勉強をしよう！」と決心します。「時間を決めて勉強をしよう！」とか「帰ってきたら、テレビを見ないですぐに勉強する態勢に入ろう！」と布団の中で泣きながら反省をして決意します。

でも、次の日になったら「できない！」という繰り返しで、また反省して「明日からは！」と決意します。「あれ？　これって昨日もやっていなかったっけ？」とまるで悪夢を繰り返している感じになるんです。

できなかったことで「ズン！」と頭やお腹に杭が刺さったような重さを感じて悶え苦しみながら「何とか自分を変えなければ！」とあれだけ思っていたのに「何で？」と自分でも不思議に思うのです。

反省すればするほど、常に何らかしらの悪魔の誘惑のようなものがやってきて、また元の惨めな状態に引き戻されていました。

大学に入り、一番初めの授業で教授から「心理学部に200名入ったけど、この中で卒業できるのは5％だけ」と言われて「本当かよ！」と思いましたが、1年後、本当に30名しか残っておらず、成績が悪かった私は「このままだと振るい落とされる！」と毎晩寝る前に「明日はもっと勉強するぞ！」と思いながら寝ては失敗の繰り返し。あの学校で誰よりも反省して勉強をしていたと思いますが、ちっとも成績が上がらなかった。

別の本にも書きましたが、ある時、グループミーティングに参加して、それまで一人で反省して苦しんでいた私が、みんなの前で「私は辛いんです～！」と泣いてしまいます。「こんなところでこんな風に泣いてしまったら、みんなから責められる！」と怯えていたら誰も私を責めずに、みんな私と一緒に涙を流して、私の背中に温かい手を置いてくれました。

あの体験から「反省しない！」が自然とできるようになりました。それまでは、自分の1日の行動を反省して、自分を責めて裁いていたのに「そんなことは必要ないかも！」という感じで反省しなくなりました。すると成績がみるみる上がっていきました。

「反省しな～い！」となった途端に勉強するのが楽しくなり、わかることが増えたのです。

「みんなこんなに楽に生きていたの？」とちょっと悔しくなるぐらい勉強が楽しくなったので

す。

勉強時間は変らないのに、反省しなくなったら成績はアップしたので「反省はいらない！」ということがわかってしまったのです。私の中で何かが剥がれ落ちました。

けれども人間関係においては、まだまだ「何であんなことを言っちゃったんだろう？」と後悔して、そして「明日からはもっと大人らしく振舞うぞ！　幼稚なことを言わないようにしなきゃ！」と反省し、同じ失敗を繰り返していました。

今考えてみれば、なぜ勉強では「反省しない」で美味しい体験をしたのに、それを人間関係でも使わなかったんだろう？　と不思議に思います。

「反省しない！」が本当に有効だと実感したのは、精神科のクリニックで働くようになってからでした。

アルコール依存症の治療で「お酒を飲み続けたらお亡くなりになりますよ」と一生懸命にお伝えするのだが「チ〜ン！」となってしまいます。そうなる人は「私はお酒を飲んで本当に大変な過ちを犯してしまった。これからはお酒を止めて償いの人生を歩むようにします！」と立派な反省をする人でした。

そして、見ていると、反省をしなくなったらお酒を飲まなくなったのです。

患者さんが反省しなくなると回復していくので「反省は毒なんだ！」とわかって怖くなりました。

反省は脳内の発電機

ここで「反省しない」の本質的なことを書くのか、それとも一般的なことを書くのかで悩みます。

私の中の一般的な考え方では「反省すればするほどストレスが帯電するから発作が起きやすくなり、自分の思ったことの逆をやってしまう」というのがあります。

ストレスで脳に帯電した電気で「ビビビッ！」と発作を起こすと「破壊的な人格に変身しちゃうぞ！」となってしまいます。

幼い頃に「好きな子に意地悪をしちゃう！」というのも発作で破壊的な人格になるから。「好きなのに自分の気持ちを素直に伝えられない！」という葛藤が脳内に電気を帯電させて、好きな子の前に行った時に「ビビビッ！」となるから「何であんな意地悪なことを言っちゃったんだろう？」となります。

反抗期の子供の場合は、成長過程のホルモンの影響と社会的な立場での葛藤で脳内に電気が帯電しやすくて「ビビビッ！」と発作を起こしまくってしまうから親や教師を困らせます。

反抗期の子供の社会的な葛藤とは、成長してきて「子供扱いして欲しくないのに子供扱いされる」という中で、だからと言って「自分では何もできない」という葛藤が脳内で電気を発生させ発作を起こさせるのです。

青年期では「大人扱い」されたいのだが「まだ社会的な責任を負いたくない」という矛盾する葛藤から脳内に大量な電気が発生して発作を起こさせやすい環境を作ってしまいます。

葛藤とは心理学的に言うと、2つの対立する選択肢の中から「1つを選ばなきゃいけない！」という時に迷って、自分の中で戦っている時に起きる状態。

「反省する」というのは、自分の言動を「正しい or 間違っている」で判断すること。そして「正しく生きなければ！」と思うけれど「それができない！」という2つが頭の中で行ったり来たりしている状態。すると脳内に電気が大量に発生するので、発作を起こして「思っていることと逆の行動をしちゃう！」となります。

2つのものを擦って、摩擦で静電気を発生させるのと一緒。発電機も磁石とコイルをグルグルと何度も回転させることで電気を発生させますよね。頭の中で「正しく生きたい」と思って「でもできない！」とグルグルと葛藤を繰り返すことによって、脳にどんどん電気を発生させ発作が起きた時に破壊的な人格となり、思ったことと逆をやってしまい、反省の材料が毎日作られる状況になるのです。

　反省する人は自分の言動を「正しい　or　間違っている」の２つで判断して、それをグルグルと考えれば考えるほど「優秀な発電機や～！」という感じで脳内に帯電させ、築き上げたものを破壊し、反省してまた初めから作り上げる、ということをやらされています。

　反省する人は常に「これをしてはいけないことはわかっている」という〝葛藤〟があります。「正しいことがわかっている自分」と「それができない自分」の間を行ったり来たりするから、電気が脳内で発生して自己破壊的な言動をしてしまいます。

　だから「反省しない！」というのは「発電しない！」ということであり、破壊的な人格に変身するのではなくて、本来の自分であり続けることにつながります。問題は、本来の自分ではなく、発作を起こした時の破壊的な人格なのです。それがなければ、本来の自分で生きることができて、本来の自分が求めていた方向に進むことができるようになるのです。

　以上の説も興味深いのですが、私はもう一つの説の方が有力だと思っています。

反省は危険物

なぜ「反省は毒」なのか？

「正しい or 間違っている」という判断を自分の中でする時に「正しく生きたい」けれども「それができない」という葛藤が脳内に電気を生み出します。一人で「反省、反省」とグルグル考えているうちに、脳内に電気が帯電して「ビビビッ！」と発作を起こして破壊的な人格に変身し「正しく生きる！」をぶち壊してしまい「どうでもいいや！」と投げやりになる。または、同じダメな言動を繰り返しちゃう、となるから。これが1つの仮説。

2つ目の仮説は脳のネットワークが関係してきます。

「反省」をすれば「自分の間違いを正して生きる」となります。この「正しく生きる！」とした時に、それが脳のネットワークで周囲の人につながり「私の正しい姿！」というのが伝わってしまいます。それを受け取った側は嫉妬の発作を起こして、それが私に伝わってきて「ヒエ～！」と感電して「正しく生きる！」の決意が揺らいでいくのです。正しく生きれば生きるほど、攻撃がひどくなる恐怖を脳内で体験するから。

本人は「一人で反省している」と思っていますが、反省した正しい姿に対して周囲からの嫉妬の発作で感電させられます。そのために、ちょっとしたストレスで発作を起こして「正しく生きる」が絵空事になる仕組み。

私はキリスト教の家庭で生まれ育ちました。毎週土曜日、日曜日は教会に行って「罪を悔い改めなければ天国には入れず地獄に落ちる」と教えられてきました。

「人のことを悪く思ったら罪」「嘘をついたら罪」「人のものを欲しがったら罪」「いやらしいことを考えても罪」という暗黙の了解みたいなものがありました。

「これも罪！」「あれも罪！」という感じで、両親から怒られるたびに、私は罪人になっていき「このままだと天国には入れない！」と恐怖を感じていました。

キリスト教では「イエスを神と信じて、自分の罪を悔い改めて救われる」というのがあります。ですから「イエスを信じます！」というのが「信仰の決心」となり、そこから「罪が許されクリスチャンになった！」となります。一般的に例えると「間違ったことをやっていた！」と反省して「これからは正しく生きます！」と決心すること。

私は小学校の頃にずっと「自分だけ天国には入れない」と怯えていて、教会学校で「イエス様を信じます！」と手を上げてクリスチャンになる決心をします。これまでの罪を悔い改めて（反省）して「これからは神様にふさわしい清く正しい生き方をしなければ！」と思うわけです。

そんな私がクリスチャンとして生きる決心をした時に、両親が喜んでくれるのかと思ったら母親の目は冷ややかでした。

「あんたなんかが罪から解放されて生きられるわけがない！」という無言のメッセージを受け取りました。

実際、友達に誘われて駄菓子屋で駄菓子を買ってしまって、母親から「あんたお小遣いはなにに使ったの！」と怒鳴られた時に、私はとっさに「友達に貸した」と嘘をついてしまいます。

母親は事前に私が駄菓子屋にいたことを知っていて聞いているのですが「ほら、嘘をついた！」となり「罪人、いっちょ入りました～！」という感じになるわけです。「なんで嘘をつくの！」と母親からひっぱたかれて、私は泣きながら謝ります。

父親が最悪の職場から帰ってきてイライラしているところに「あんたの子供が嘘をついて買い食いをしていた！」と言われて「おりゃ～！」と怒りが爆発して、私は床に叩きつけられながら「こんな罪人は地獄に落ちてしまう！」と恐怖を感じていました。そして罪を悔い改めて「明日こそは、清く正しい子になって生きる！」となるわけです。

「清く正しく生きる！」と決心して学校に行くと「おまえ、大嶋のくせに生意気な！」と小突かれます。

「右の頬を打たれたら左の頬を出せないのが罪」になるからグッと耐えます。でも、耐えれば耐えるほど「なんだ気持ち悪い！」と突き飛ばされて、机に頭をぶつけて「ビエ～ン！」と泣いてしまって「人前でみっともなく泣いてしまう罪人！」になりました。「あの子って泣き虫ね！」と言われていて「人からバカにされる罪」が加わって、さらに私は罪に汚れていきます。

そして先生から「おい！　大嶋は宿題をやってこなかったのか！」とみんなの前で怒られて「廊下に立っていろ！」と怒鳴りつけられて、泣きながら廊下に立たされ、授業が終わった後に「あいつ、みっともないよね！」とみんなからバカにされる罪。その罪のループから抜け出せなくなるおもしろい仕組みがそこにありました。

「嫉妬のメカニズム」を知った時に「あ、あれって周りの嫉妬の発作を浴びていたんだ！」とわかるようになりました。

「高潔」に対しても嫉妬の発作は起きます。「反省」をした時点で頭の中で「高潔な存在」になっているから、反省して高潔に生きようと決心している人は、「言動が生意気に見える！」と判断され、その高潔な態度をぶち壊すような破壊的な仕打ち（無視など）を受けてしまいます。

無視は無言の暴力。その暴力を受けて「私、なんか悪いことをしたかしら？」と「反省」すると、ますます相手は「こいつは何にもわかっていない！」とさらに無視や否定的な言動が酷くなっていきます。無視とか否定的な言動は暴力です。ダメージを受けて、さらに反省をして、という悪循環で人は潰されていくわけで（チ〜ン！）。

だから「ありのままの自分で生きる」という言葉があるのです。なぜなら、反省したら危険だから。

良い子になると井戸に落とされる

12人の兄弟の物語があります。一番下の子がものすごく賢くて良い子でした。両親がその子供を一番可愛がっていたら、兄弟がその子を乾いた井戸の中に落として、見捨ててしまいました。

この物語を聞いた時に、自分を井戸に落とされた子供と重ねてしまうのですが「他の兄弟の立場だったらどうだろう？」と考えた時に「やっぱり嫉妬しちゃって嫌な性格になっちゃうかも！」と思うのです。

反省する時にはどうしても「相手から好かれる存在にならなきゃ！」と思います。すると周りの人からは「あいつだけ良い子になりやがってずるい！」という反応が起きます。だから、反省すればするほど、脳のネットワークで繋がっている人の嫉妬の発作を誘発してしまいます。

反省している側では、嫉妬する側から電気が飛んでくるので「どんどんダメ出しが浮かんでくる〜！」となります。嫉妬している側では「なんかわからないけどイライラする！」という感じになっています。

そして、この二人が遭遇した時に、反省している側は「ヒエ〜！」となって、嫉妬する側は「なんかこいつムカつく！」と因縁をつけてきます。反省して「良い子！」になろうとしている人は「神（親）から好かれる存在」となっているため「なんでこいつが！」という感じで、好かれる理由を打ち消す部分を指摘したくなる、というのが「ダメ出し！」になります。嫉妬する側の「ダメ出し！」を反省する人は真に受けます。すると、ますます「親（神）から好かれる良い子」になるから、嫉妬の発作がさらにひどくなります。そのダメ出しを真に受けて反省すればするほど、さらにダメ出しが増えていき「無価値な人間」とか「全く面白みのない人間」になってしまいます。

嫉妬する側はそれが目的。「愛される存在」から格下げすること。全く面白くない存在にして、その存在自体を忘れさせることが目的。なぜ？　それは発作で破壊的な人格に変身しちゃったから。

11人の兄弟が好かれている末っ子を井戸に落として帰ってきて「これで父親から愛される！」と思ったわけではないと思います。発作で破壊的な人格になってやってしまった。嫉妬の発作を起こしている側は、破壊することで「愛されようとしている」のではなく、ただ破壊する。それしか選択肢がなくなってしまうのです。

だから、反省したら相手から好かれるようになった、とはなりません。「反省しない！」で「これも自分！」「あれも自分！」とありのままを受け止めて、自分を変えようとすることをやめた時に「あれ？　自分の中のダメ出しが静かになった！」となるのは、脳のネットワークを通じて嫉妬の発作が飛んでこなくなるから。さらに因縁をつけられなくなるのも「愛される子！」という認識がなくなり、嫉妬の対象じゃなくなるからなんです。

ここで問題が起きます。それは「良い子じゃなければ愛されないのではないか！」と不安になること。「嫉妬の対象でなくなることは、自分に価値がなくなるのでは？」という不安に襲われてしまうから。これは、意識できるレベルでは「なんか落ち着かない！」や「なんか足りない！」という感覚。

反省をしてきた人は、嫉妬を受け続ける、ということが基本になっているので、それがなくなった時に「何かが足りない」という感覚に襲われてしまい、ぽっかりと自分の中に穴が空いたような感じになり、反省したくなる、という現象が起きます。

これは単純に「お酒をずっと飲んで寝ていた人がお酒を飲まなくなったら調子が悪くなって、

眠れなくなった！」というのと一緒で。

ずっと嫉妬の攻撃を脳のネットワークで受け続けることで「反省」を繰り返していた人は、常に苦痛によって脳内麻薬が分泌されていました。これはお酒が入っているのと同じ状態。だから、脳内麻薬が切れた時に「落ち着かない！」「イライラする！」などの症状が起きますが2週間で落ち着きます。

「落ち着かない！」とか「イライラする！」という時に、それに対して「反省」をしてしまうと脳のネットワークを通じて嫉妬の嵐が戻ってきて、元の状態に戻ってしまいます。

「落ち着かない！」とか「イライラする！」という時でも「反省しない！」を繰り返していると「あれ？　静かになった！」となるのです。嫉妬されないのはちょっぴり寂しい気持ちになりますが、そこはまあ、軽く受け流していきましょう。

反省するほど悪循環

反省しなければ、いい子になれないし、いい子じゃなければ愛されない、と私はずっと思っていました。

だから、いつでも「何であんな失礼なことを言ってしまったんだろう？」とものすごく後悔して苦しみます。そんな苦しみを味わいたくないから「心機一転、いい子になろう！」と決意するのですが、いい子で生きようと決心すればするほど嫌なことが起きて必ず失敗します。そして、一人反省会で地獄の苦しみを味わっていました。

今、あの幼い自分に「おい、反省すればするほど、人から嫉妬されて除け者にされるぞ！」と言ってあげたい。こんなことを幼い自分に伝えたら「すみません、反省してしまう自分がいけないんです！　これから反省しないように心がけます！」と幼い自分は言っちゃいます。

いや、君、それを言っている時点で反省しちゃっているから。全然、私の言っていることが伝わっていないよね！

すると幼い自分は「すみません、ちゃんと理解していなくて、自分の中でよく理解できるように努力してみます！」と言っちゃいます。

あーあ！　何でこんな子ができてしまったんでしょう？　というのがポイントになります。周りを見渡していると「ちっとも反省しないで自由に生きている人がいるのになぜ？」という感じになります。

たくさんの反省がやめられなくて苦しんでいる人をカウンセリングの中で見ていると、一つの共通点が見えてきます。それは「ファミリーシークレット」という問題です。ファミリーシークレットは「家族の中での隠し事がある」ということです。

私の場合は「姑のいじめがあって、母親が長男を出産した時に死産になってしまった」ことでした。

母親が調子悪そうに床に伏している時に、子供はその理由がわかりませんから「自分が悪い子だから母親があんなに苦しんで悲しそうな顔をしている」となってしまうのです。本当の原因は、姑からのいじめだったのに。

子供は「自分は何でもできる！」という万能感があります。エレベーターに乗っていると、子供は明らかに自分の身長よりも高い位置にボタンがあるのに「僕が押す！　僕が押す！」と騒ぎます。両親が持ち上げなければ押すことができないのに。どんなことでもできるんだ！と幼い頭で思ってしまうのが「幼児的万能感」です。「どんなことでもできる」という万能感は「あんなことも私の責任」と思ってしまう特徴があります。

私の場合がそれでした。母親が苦しまないようにいい子にならなければと思って「いい子」を演じようとすると、母親が嫉妬の発作を起こし、それに感電して私は失敗し、母親に「あんたはダメな子！」と怒鳴りつけられます。すると「やっぱり私がダメな子だから母親が苦しんでいる」というのが正解になってしまい、反省して「いい子になろう！」と努力する悪循環が作られてしまうのです。

ちょっとでも不機嫌な人がいると「私のせいであの人が不機嫌」と原因を自分に帰属し「私がいけないいんだ！」と反省して、「優しく親切に接しなければ！」といい子を演じると「何この子！　気持ち悪い！」とひどい扱いを受けて傷つきます。それが相手の発作であることを知らないから「自分が気持ち悪い子だから嫌われる」と反省して「いい子にならなければ！」と逆をやってきたのです。

親の浮気、経済的な問題、親の病気、家族の犯罪、家族の死の原因など「子供に話さない方がいい」と判断してファミリーシークレットを作れば作るほど、子供は「自分のせいで家族が変なことになっている！」となります。そして「反省していい子にならなければ！」とすれば、家族や周囲の人たちは嫉妬の発作を起こすので、見事に家族の発作を請け負う子供になってしまうのです。

ですから、ファミリーシークレットを暴いてあげることで、過去の自分は「反省」から解放されて自由に生きられるようになるのです。「あなたのせいじゃないいんだよ！」とわかるから。

反省は発作だった！

ファミリーシークレットによって引き起こされる仕組みでもう一つ大切なことがあります。それは「自分が悪い子だから母親があんなに苦しんでいる」という思考パターンです。私は確かに頻繁に怒られていて「ダメでしょ！」と言われていたのですが「あんたはダメな子！」というストレートなメッセージをもらったことは多分ないと思います。「自分が悪い子だから」というのは自虐的と言って「自分をいじめている」とか「自分に対して破壊的な思考になっている」ということなのです。

「破壊的」ということは「発作を起こしていた」ということになります。私が自分に対して破壊的な思考になっていたのはファミリーシークレットが原因だったのです。

「自分だけが教えてもらえない」時は孤独を感じて発作を誘発します。

幼い頃、みんなが楽しそうに話の輪を作っていて「あんたはダメ！」と言われた時に、涙目になって「いいんだ、僕なんて誰にも相手にしてもらえないダメなやつなんだ！」といじけていました。これは孤独を感じて発作を起こし、破壊的な人格に変身したから。そして「いじけ虫」になればなるほど友達は離れていきます。

ファミリーシークレットで孤独を感じて発作を起こして「自分はダメな子だから」という自

虐的な思考になり、家族の不幸の原因を自分に帰属させます。だから「いい子にならなければ」と思うのです。すると脳のネットワークでそれが両親に伝わって「子供のくせに家族を救うなんて生意気！」という発作を誘発し、子供を感電させちゃう、となります。

ファミリーシークレットがある家庭で育つと、このようにして「孤独で発作」が条件づけられるので、外に出ても「発作で涙目！」みたいな感じで「気持ち悪い！」と言われるような態度を自動的にしてしまい人間関係を破壊することを繰り返して孤立します。孤立すればするほど「孤独で発作」になるから「破壊的な人格のままで生きる」生き方になってしまいます。

この一連の流れを見ていくと、反省の発作で破壊的な人格に変身していることになります。その元になっているのがファミリーシークレットで「自分だけ教えてもらえない」という状況。そんな家庭で育った人が大人になって、本音を話さない大人たちの中に入るとファミリーシークレットの再上演となり、「自分が悪いからこの人たちは不機嫌なんだ」と発作で破壊的な思考になり、人間関係を破壊する言動を知らず知らずのうちにしてしまうのです。

「一対一だったら緊張しないのに、複数の人が集まると緊張して思うように喋れなくなる」という人はこのタイプの可能性があります。

そこで後悔が襲ってきて「反省」をしそうになったら「あ、孤独で発作を起こしているんだ！」

と気がついてあげると発作は治ります。

他の本に「他人の気持ちはわからない。そして自分の気持ちすらわからない」という暗示の言葉を書きました。

「反省」というのはある意味で「他人の気持ちがわかる」としていて、その原因の正解も「わかっている！」という幼児的な万能感が影に隠れています。「反省」という幼児的な万能感で出した「正解」は真実とはかけ離れているから、「自分だけが知らない！」というファミリーシークレットの孤独を再体験することになり発作が止まらなくなるのです。

「後悔」が襲ってきたり「反省」しそうになったら「あ、発作だ！」と思ってみるとおもしろくなります。

そう、そこにある不機嫌はあなたのせいじゃないのです。

発作の人生から解放される方法

これまで「見ない、聞かない、反省しない」で見えてきたことは、どうやら発作を起こすきっかけは「孤独」ということ。そして脳内に電気を帯電させてしまう原因も孤独かもしれないことが見えてきます。

「反省しない」が発作であれば、いくら「反省しない」と自分で思っていても「あれ？　いつのまにか反省しちゃっているぞ！」となってしまいます。そこで究極の方法で「反省しなくなる人間を作っちゃうぞ！」を紹介します。その方法は簡単！

人との会話中でも、街を歩きながらでも、いつでもできます。目を見開いて「孤独の色を識別する」のです。

色が見える仕組みは、光がその物質に当って反射される光の波長によって「赤だ！」とか「緑だ！」という識別になります。白く見える太陽の光も、プリズムを通すと赤→橙→黄→緑→青→藍→紫に分離することができます。

クロード・モネの「睡蓮」の絵を見て「安心する」とか「安らぐ」や「落ち着いた気持ちになる」という感想が聞かれます。

ゴッホの「ひまわり」の場合は、多くの人の感想は「鬼気迫る」とか「怖い！」と言います。絵は光をさまざまな波長で屈折させて反射された結果なのに、人はそこから不思議な感情を読み取ったりします。それは人によって違っており、ある人は「狂気」、ある人は「安らぎ」、そしてある人は「躍動感」と違った感覚を読み取るのは、ひとつの光にたくさんの色が含まれているから。人はその光の屈折の仕方を受け取って、その感情を読み取っているだけ。ひとつの光にはさまざまな色が含まれているように、さまざまな感情も含まれています。

目を見開いて「孤独の色を識別する」と思って見てみると、目の前に立っている人の孤独の色が見えてきます。電車の中でこれをやってみると「あ、みんな孤独なんだ！」ということが見えてきて、なぜか楽しくなってきます。それは「自分だけが孤独」と思って発作を起こしていたいつもの自分でなくなっているから。

「孤独の色を識別する」と周りを見てみると、一見白に見える光にさまざまな色が含まれているように、目の前にいる人の反射する色にも確実に「孤独色」が含まれているから「自分だけが孤独じゃないんだ！」という認識になります。「みんな孤独」という認識ができるようになると脳の帯電がなくなっていきます。破壊的な人格から解放されて、本来の自分の姿になります。見るものすべてに新鮮なおもしろみが感じられるようになります。

反省のない世界へ

ある自閉症スペクトラムの子は蛍光灯のチカチカする点滅が見えてしまい、それが原因で「落ち着かない！」とか「興奮して席に座っていられない！」という症状が起きます。

街を歩いていても、テレビやインターネットを見ていても「みんな幸せそう！」とか「自分よりも楽しく生きていそう！」と思ってしまうのは、眩しい光を見て発作が起きるのと同じ。週末に幸せそうな家族を見ると落ち込んでしまうのも「幸せの光で眩しい！」となっているから。特にクリスマスとかバレンタインデーなどは日本全国発作の日！　といってもいいほどの状況になります。

そんな時に「孤独の色を識別する」と頭の中で唱えて街の風景を見てみると「あれ！　チカチカしない！」となります。「孤独の色」と自分の中で思うことで、幸せそうなチカチカに焦点を合わせなくなり、その向こうにある孤独に注目が向くからです。

楽しそうな家族を見ても、それまで見えていた色とは違った落ち着いた色に見えてきて、気持ちがどんどん落ち着いていきます。

「あの人幸せそうで眩しい！」となった時でも「孤独の色を識別する」と思って見てみると、心の中のざわつきが消えて「みんな同じなんだ」と見えてきます。

「あの人偉そうでムカつく！」と思った時でも、「孤独の色で識別する」と見てみると「おー！ただ発作を起こしているおっさんだ！」と見えちゃうから不思議。

急に嫌なことが頭の中に浮かんできてしまった時も、目を開けて「孤独の色を識別する」と思って見ると、外から入ってくる孤独の光を確実にその目の中に取り入れて、私の中の孤独を打ち消して「反省！」という発作を打ち消してくれます。

私は発作を起こさせる「チカチカ！」という光にばかり注目を向けていました。でも、そのチカチカの奥にある「孤独の光」に注目を向けた時、発作は治まります。発作を起こしていない私は、周りの孤独の光を吸収して、その他の光は反射します。その反射された光がほかの人の目にどのように映るのかは私にはわかりません。私にわかることはただ一つ。私が感じている安らぎと安心感。孤独が孤独の光に打ち消されて、ただ、それだけが私の中に静かに広がっていく。そう！　反省のない世界にいつのまにか安らいでいたのです。

色眼鏡はサングラスのこと

私の場合、人がちょっとでも不機嫌でいると「私がいけないことをしたからあの人は不機嫌なのだ」と反省して「あの人に対する態度を改めなきゃ」と努力してしまいます。そして、反省して態度を改めて「大変申し訳ありませんでした」とすると、不機嫌だった相手がさらに不機嫌になり「あんたは全然わかっていない！」と怒られます。

「私は全然、人の気持ちがわかっていないんだ」と反省して「人の気持ちがわかる努力をしなければ」と一生懸命に話を聞いて相手の気持ちをわかろうとします。すると「全然あんた、場の空気を読めていないじゃん」とダメ出しをされて「私は、場の空気が読めないダメなやつなんだ」と反省して黙って場の空気を読むように努力します。すると今度は「誠意が見られない！」と怒られ、ダメ出しをされ、私は「自分にはほかの人が持っている温かい心がないんだ！」と思って「温かい心を身につけるために本を読まなければ」と一生懸命になって本を読みあさりました。

このように書いてしまうと、私の行動が見えないから、人はさまざまなことを考えます。この相手のダメ出しが「嫉妬の発作だった！」のが後にわかります。

反省して「清く正しく生きよう！」とすればするほど「清く正しくて神から愛される人」と見えるから「自分よりも神から愛される人になってずるい！」という嫉妬心が湧きます。

「あいつだけ神から愛されたら自分が愛されない！」ということで「愛されない孤独」を感じて発作を起こし、破壊的な人格に変身して「ダメ出し」で相手をどんどん追い詰めるのです。

このダメ出しをした相手と後に話をした時に「あんたのことが羨ましかった」とはっきり言われました。

ダメ出しを受けた私は「羨ましい」なんて想像すらできませんでした。本当に「生きる価値がない人間」というぐらい反省することで自己肯定感が低くなっていたから。だから、反省して清く正しく生きることとは、相手の嫉妬の発作を引き起こさせてしまうからものすごく危険なのです。

もうひとつ大切なポイントがあります。それは、このダメ出しをしている人も実は「相手に対する怒り」の裏でものすごく「反省」をしているのです（「支配者」以外のことです（参照「支配されちゃう人たち」）。その人は「清く正しい人」の輝く光で「自分のダメなところを照らし出されている！」という感覚になるのです。

清く正しい人が一生懸命に優しく接してくればくるほど「あんたはちっとも優しくない！」とダメ出しをされているような感覚になり、本人は「人に対して素直で優しくならなければ」と反省して努力をしています。けれども、清く正しい人が努力をすればするほど、ダメ出しの人は「私が優しくなるための努力がちっともわかってもらえない！」と怒って破壊的な気分になり「優しさ」とは真逆の「ダメ出し」しか出てこなくなってしまうのです。

相手にひどいダメ出しをしてしまった、と反省すればするほど、本人の脳内ではストレスが帯電し、清く正しい人のキラキラとした光で発作を起こし、破壊的な人格になってダメ出しをして「あー、またやっちゃった！」と反省してストレスを溜め、という繰り返しをしているのです。

ですから「肉親に対して怒りが止まらない！」とか「いつも人のせいにばっかりして！」と言われる」という人の中身は「反省の塊」だったりします。

反省して努力しているのにちっともわかってもらえずに「怒らせないように」と腫れ物を扱うような態度で接せられると、自分の「優しくない」というダメなところを指摘されて痛みを感じる感覚になり「怒り」が湧いてしまいます。怒れば怒るほど「愛されない存在」に落とし込まれるので孤独から発作が連続して自分の言動がコントロールできなくなってしまうのです。

人に対して否定やダメ出しをしている人の中には、ものすごく深い「反省」が隠れているんです。本人は、自分の中にある反省に触れてしまったら孤独で潰れてしまう恐怖があるから、人に対して怒りダメ出しを続け、さらに自分の中の「反省の闇」が深くなっていくから「ますます怒らなければいられないだろ！」という循環ができてしまうのです。

そんな反省の発作にまみれた人でも「孤独の色を識別する」と頭の中で唱えて目を見開いてみると「あれ？　眩しくない！」となります。

「孤独の色」というフィルターがかかるサングラス（色眼鏡のことです）で外を見た時に、自分の中の闇を照らし出す光はどこにもなく、それまでと違ったおもしろい世界が見えてきます。

「あの人は愛されている！　眩しい！」と思っていた光って「え？　あの眩しさって嫉妬の発作のスパークだったの！」となります。周りの人から尊敬されて光り輝いてる！　と思っていたのに、「孤独の色のサングラス」でちゃんと見てみたら「周りの嫉妬のスパークを浴びて光り輝いているように見えただけ！」だったのです。

幸せそうに見える家族を「孤独の色のサングラス」で見ると「あ！　楽しく遊ぶ子供を見てお母さんが嫉妬の発作を起こしているから眩しく見えていたんだ！」とわかるから怖い。お母さんは顔が笑っているのに目が笑っていないということが見えてきます。

男性の腕にぎゅっとしがみついている幸せそうなカップルを見た時に「眩しい！」と思って以前は発作を起こしていました。でも「孤独色のサングラス」で見てみると「彼氏が他のきれいな女の子に目が向いた時に、彼女が嫉妬の発作を起こしたから眩しく見えた」のがわかります。そして、嫉妬の発作を起こして能面のような顔をしていたから「きれいな顔！」と思ったことがわかり、笑えてきます。

「孤独色のサングラス」というおもちゃを手に入れたら、これまでの世界と全然違ったように見えるからおもしろい。では、そろそろ普通の世界を見ましょう、と「孤独色のサングラス」を私の目から外そうとすると「あれ？　サングラスがない！」とコメディーのような展開が。

ない！　ない！　と探していたら、おでこの上にメガネが引っかかっていました。

あった！　あった！　ちゃんとこれをかけなきゃと思って、そのメガネをかけるとギラギラとした幻想の愛の世界が見えてきて、途端に孤独と不安が襲ってきました。

そう！　そう！　これ、これ、これが現実の世界だよ！

え？　ちょっと待って！

今さっきは、色眼鏡をかけていなかったよね！

おでこの上に乗っていた色眼鏡をかけたら目の前にギラギラとした幻想の愛の世界が広がったってことは、と恐る恐る、再びかけていた色眼鏡を外してみる。するとあの安心できる孤独色の世界が目の前に。

かけていた色眼鏡は幻想の愛の光を見るメガネ。それを外した時に、現実の世界がそこに広がっています。

そう！　孤独がないようである、あるようでない、という反省が必要ない不思議な世界。

そんな刺激がない世界で私は安らかに目を閉じます。そして、その静けさの中で優しい眠りへと誘われていきます。反省のない、優しい柔らかい眠りの世界へと。

今のこの喜び

ある女性は、家族のことを思って実家で暮らしていました。考えてみたら、いつも自分が家族の犠牲になってばかり。それなのに母親はちっともそれを理解していないで「なんであなたはいつまでも実家にいるの？」などと言ってきます。「親に甘えているんじゃないの？」とまで言われて、女は「キー！」となります。

「親の気持ちを考えて、自分のチャンスを棒に振ってまで一緒にいるのに、なんで私の気持ちをわかってくれないんだ！」と怒りまくり、母親にその怒りをぶつけてしまいます。

すると母親もいつもの調子で「そんな意味で言ったわけじゃない！」とか「あんたはいつも攻撃的になる！」と切り返してくるので、ますます怒りが湧いてきてしまいます。その怒りを紛らわすために、インターネットの動画を検索し続け「あー、また時間を無駄にしちゃった！」と後悔の連続。

こんなに時間を無駄にしちゃって、本当にやりたいことができないのも、理解のない親のせい、と怒りが自分の中でぐるぐるして、それだけで疲れてしまって1日何もできなくなってしまいます。

「反省しない！」という記事を読んで「私、母親に怒っているだけで、自分はなにも悪いと思ってなく、反省もしてない」と自分には関係ないもの、と考えます。でも「怒りの背後に深い反省が隠れている」というのを見て「もしかして？」と女性は心の中をのぞいてみました。すると「あ！　いつまでも親のせいにばかりして前向きに生きていない自分はダメ！」と反省していた、というのが見えてきました。「親のせいにしないで自分で立ち上がって前向きに生きなきゃ！」と思った矢先に「母親が階段でこけてしまった」ということが起きちゃうから「前向きに生きられない！」となっていました。

反省して「前向きに生きよう！」と決心した娘の高潔さに母親が「ビビビッ！」と嫉妬の発作を起こして破壊的な人格に変身し骨盤を破壊しちゃいます。それを受けて女性は「ダメな私のせいで母親がこんなことになった」と反省しちゃうから、ますます母親は高潔な娘に対して「ビビビッ！」と発作を起こしてボケたふりをしたり、横暴な態度をとったりするから「もう母親は嫌だ！」と怒るのですが、同時に反省しちゃっているので、母親の発作はますます酷くなり、その発作に縛られて女性は自由に動くことができませんでした。

時折モンスターのように見える母親を目の前にして「孤独の色を識別する」と何も期待しないで頭の中で唱えてみます。女性は「もしかして母親の見え方が変わるのかな？」と想像しながら唱えてみました。でも「見えているものは何にも変わらないじゃん！」とがっかりします。

何も起きないので諦めていたら、あれ？　頭の中が静かになっていく、と同時に「あれ？　母親の表情が優しくなった！」とちょっとびっくり。

別に大きな変化があるわけではないのに「孤独の色を識別する」と唱えていたら、ある時から母親がまるで幼い少女のように見えてきました。

「こんな少女のような存在に自分は認めてもらいたかったのか？」と女性は思いました。

目の前の少女も人から認めてほしくて、一生懸命人の目を気にしながら動いていた。でも、誰も認めてくれないから、孤独を感じながら「なんでこんなに一生懸命に周りの人のことを考えているのに認められないの？　なぜ愛されないの？」と怒っていました。

「孤独の色眼鏡」で見てみたら、これまで見えなかったことが見えてきます。

そんな母親を自分が認めてあげて世話をするべきなのか？　と考えた時に「孤独の色を識別する」ともう一度唱えて周りを見渡してみます。

すると近所の人たちも、テレビの画面に映っている芸能人たちも「あ！　母親と一緒なんだ！」という本当の姿が見えてきます。一見偉そうに、幸せそうに見えるその人も「母親と一緒！」と見えた時に女性の中の何かが変わりました。

「立派な人にならなければ愛されない」と思ってこれまで一生懸命に生きてきました。でも、自分が認めてもらいたいと思っていた母親も、世間の人たちも「孤独の色眼鏡」で見てみたら、みんな一緒で「幼い少年少女」でした。

「いつまでも成長できなくて大人になりきれないダメな自分」と心の奥底で反省していましたが「みんなも自分と同じでいつまでたっても成長していない子供である」ことが見えた時に、女性の中にあったあの怒りが消えていきました。

「反省しない」と言われた時は、ピンときませんでしたが「孤独の色を識別する」と唱えて世間を見た時に、知らず知らずのうちに反省から解放されて、それまでいくら挑戦してもできなかったことができるようになります。

「人に話しかけるのが苦手」と思っていたのに、平気で人に話しかけられます。

「自分の周りにはろくな人が近寄ってこない」と思っていたのに、魅力的な人たちがどんどん近づいてきて、女性を仲間に入れてくれます。そんな魅力的な人たちの中でも物怖じせずにいられたので、女性はどんどん自信をつけていきました。ある時、魅力的な友達から「なんであなたはそんなに自由に生きられるの？」と質問されました。

魅力的な人と思っていたが「孤独の色眼鏡」で見た時に、やはりその人も他の人と何も変わらない幼い少女でした。女性は、一瞬「孤独の色を識別する」のテクニックを教えてあげようかなと思いましたが思いとどまりました。目の前の少女にはまだ早いような気がしたから。今のこの喜びは私のものだけにしたかったから。

反省しても変わらなかった男性

ある男性は、男性が接するお客さんがモンスター化してしまうことで悩んでいました。

お客さんが「なんで他の客とうちの条件が違うんだ！」とどこから情報を得たのか文句を言ってきます。

それぞれのお客さんが注文する商品の値段の違いで条件が変わってくるのに、それを説明しても「そんなの間違っている！」と譲りません。

間違っているも何も、元々の購入してくださる商品の値段が違うから、サービスが変わってくるだけなのに「うちも同じように対応しろ！」と無茶なことを言ってきます。

男性がお客さんと接すると、必ずこのように相手がモンスター化してしまって、わがままを言ってくるようになるので「自分の対応の仕方が悪いんだ」と反省して落ち込んでしまいます。

男性は「自分がお客さんから舐められるようなキャラクターだから、お客さんがつけあがってひどいことを言ってくるのでは」と反省して「もっと堂々とした態度で舐められないようにしよう」と決心して、重い気分を引きずってお客さんのところに行きます。けれども結果は同じでした。

上司に相談すると「他のお客さんと同じ条件にして欲しいのだったら、その方の値段を他のお客さんと同じように上げてしまいなさい！」と無茶なこと言います。

それができる相手だったら相談していないよ！　と自分の状況を理解してくれない上司にも頭にきてしまいます。

そんな悩みを抱えていた時に「反省したら、相手が嫉妬の発作を起こして破壊的な人格に変身する！」という記事を見つけました。

「え？　私の対応が悪かったのかな？」と反省したらダメなんだ！　とわかると、ちょっと肩の荷が下りた気がしました。それまで毎晩「お客さんのことがムカつく！」と思って、夜も眠れなかったのだけど、その「ムカつく」の裏には「もしかして、自分の対応の仕方が悪かったのでは？」という反省がいつもありました。だから「いや、私が悪いのではなく、お客さんがわがままなんだ！」と反省と相手を責める気持ちが交互に出てきて、余計にぐるぐるしてしまっていた、ことが見えてきます。

けれども、ここで男性が反省をやめても、モンスター化してしまったお客さんが落ち着くとは思えませんでした。そこで、記事に書いてあった「孤独の色を識別する」を唱えてお客さんを見てみることにします。

「こんなことで変わるのかな？」と半信半疑で唱えてお客さんのことを思い出してみます。すると「あれ？　すごいモンスターに見えていたけど、あの人も孤独なのかもしれない！」ということがわかってちょっとびっくり。

自分勝手で、自分にとって都合のいい条件ばかりを言っているわがままな人だと思っていたけど「孤独の色を識別する」と唱えてみると「あの人も孤独なんだ！」とわかってきました。

わがままな人だから、と男性が恐れて、他のお客さんとは違った特別待遇をすればするほど、孤独なお客さんは無意識に「他の人とは扱いが違う」という孤独を感じて発作を起こしていました。

「他のお客さんと同じにしてしまったらこのお客様は自分から離れてしまう」と不安だったから、特別待遇をしていたのだが、それがお客さんの孤独を刺激して破壊的な人格にさせていたのだとわかると、男性は何かから解放された気分になりました。

「孤独の色を識別する」と唱えただけなのに、相手が怖くなくなり、上司が言っていたように、全て他のお客さんと条件を同じようにすることに躊躇しなくなりました。

ある意味で男性の「自分の対応が甘いからお客さんが付け上がる」という反省は正解でしたが、それをいくら自分の意思で変えようとしてもちっとも変わりませんでした。でも「孤独の色を識別する」と唱えたら、不思議と自分自身からお客さんを切り離すことができて、自然と対応を変えることができました。

自分だけが「お客さんから捨てられる」と不安になり「売り上げが落ちたら会社をクビになる」と焦っていたのが「孤独の色を識別する」と唱えてみたら「お客さんも孤独」が見えてきます。「みんな孤独」が見えてきた時に「お客さんから捨てられる」とか「会社から見放される」という不安がどうでもよくなって「みんな一緒！」という対応ができるようになり、男性は変わって行きました。

いつの間にか堂々とした姿勢で動くことができるようになり、男性が理想とした姿へと変わっていたのです。ただ「孤独の色を識別する」と唱えていただけなのに。

キラキラと輝いてもいい！

子供が不登校や引きこもりになっている親御さんが「私たちの育て方でこんなになってしまいました！」と嘆いている時に「反省しないでいいんですよ！」とカウンセラーは言います。

正直な話、私は、この「反省しないでいいんですよ！」がどうして効果があるのかはっきりわからないで使っていました。

ある厳しい精神科医の下で働いていた時に「私たちのせいで娘がこんなことになってしまいました」と嘆き悲しんでいた親御さんに、その精神科医は「それはあんたたちの自己憐憫だね！」と冷たく言い放ちました（自己憐憫とは自分で自分を可哀想だと思うこと）。

その精神科医は「あなた達が悲しんでも子供は変わらないのだから反省しなくていいですよ」と言うのをインパクトのある言い方に変えただけ。「子供のために嘆いているのではなくて、自分たちがかわいそうに思って泣いているだけ」と言われたら、どんな親でもショックを受けてしまいます。

精神科医はそんなひどいことまで言って「親の反省」を止める必要があったのか？　このミステリーを紐解くのがおもしろくなってきます。

親の反省は「他のお子さんたちは引きこもっていないのに、私の子供だけがこんなになってしまった！」というところから始まります。「私の育て方が間違っていた！」と反省して、さらに「私の愛情が足りなかったから！」と反省してしまいます。

ポイントは、「うちの子供だけが」と、周りの人たちと比べて自分だけが違う、という孤独を感じてしまうこと。要するに「自分たちだけが違う」という孤独を感じた時点で「発作」が起きてしまって、言動が「私の育て方が間違っていた」という反省になっています。反省している時は発作が起きているのです。

両親が発作を起こして「反省」してしまうと、子供も「自分は他の子たちと違う！」という孤独から発作を起こして破壊的な人格に変身してしまいます。そのために「自己破壊行動がやめられない！」という感じでゲームを一晩中やってしまいます。

夜の10時から2時の間に寝ていなければ、成長ホルモンの分泌に不具合が出て、発作の引き金になる血糖値の乱高下も起きやすくなります。だから、昼夜逆転している子供は「発作が止まらない！」となり、両親もその子供の発作に感電して「反省！」が止まらなくなります。両親の「発作」に子供がまた感電して、さらに発作が酷くなり、という発電所家族ができあがるのです。

昔の日本だったら「ご先祖様に申し訳がない！」と両親は反省して、自分たちの対応を変えて子供をまっとうな世界に送り出そうと努力していました。最近では、間違ったキリスト教文化が入ってきてしまって「自分が犠牲になっても子供を愛さなければ」と反省して、自分の身を犠牲にしても子供をまともな世界に戻してあげなければ、という考え方になってしまいます。

けれども、根っこは一緒で「ただの発作！」でした。

だから「自己憐憫だね」と両親に言った精神科医は「両親の発作をひどいことを言って怒らせることで止める」という意図があったのです。これは相手を怒らせたり、逆にこちらが怒って発作を止める手法で、私はこれを「カウンターショック！」と呼んでいました。

両親が「反省」という発作を止めた時に「あ､子供の発作が止まった！」となるから興味深い。「だったら私たちのせいじゃないですか！」とここで両親が反省してしまうと「子供がゲームに逆戻り！」となるのも観察していて、発作の奥深さを感じさせられます。

発作は脳内の電流が過剰に流れている状態だから「ビビビッ！」と電気が外に漏れて、それに常に子供は感電している状態だから「落ち着かない」とか「居ても立ってても居られない」となります。

自分が両親の発作に感電している、ということはわからないから「自分がおかしいんだ！」とここでも孤独を感じて、発作を起こして、両親の発作の電気よりも強い電気を脳内に発生させることで､両親からの感電を麻痺させます。そして､両親は子供の発作に感電して､さらに｢私たちの育て方がいけないから！」と反省して発作を起こして、子供からの発作の電気を麻痺させることをしています。

この発作を起こしたり、発作の影響を受けないでいられる方法が**「孤独の色を識別する」**と唱えて外を見てみることだったりします。

ある方が「孤独の色を識別する」と唱えても何にも起きないと言いました。「唱えてもみんな空っぽ！」と言われた時に、私はおもわず笑ってしまったんです。「それでいいんですよ！」と嬉しくなりました。

そう！「孤独の色を識別する」と唱えるのは「赤を識別する」というのと同じ感じで、脳は自動的に孤独の色を見分けてくれます。するとみんな周りの人たちはキラキラ輝いている、と思っていたら「空っぽ！」というのは「みんな孤独」だったということ。「孤独の色」のフィルターで外の世界を見てみると「誰それが優れている」というのが全くない世界でみんな同じで孤独でした。

唯一、幼子だけがキラキラと輝いて見え、現実の世界が見えてきます。すると「私だけ」という〝孤独〟が打ち消されて、心の中が凪になります。反省しそうになったら「孤独の色を識別する」と一人の時でも唱えてみると興味深い現象が起きます。唱えてみると、幼子が見えている世界を垣間見ることができます。

みんな同じで、みんな一緒。発作を起こしている大人はそれを望みません。なぜなら、発作を起こしている方がキラキラと輝いているように見えるから。

そうなんです！　発作を起こしてキラキラと輝く生き方もあり。そして、発作を治めて幼子のように凪の世界で生きるのもありなのです。

さまざまな選択肢の中で美しく輝いていくみなさんの姿がそこにあります。

発作を起こしていても、外から見たらキラキラと美しく輝いて見えるから。

反省でドツボにはまる仕組み

ある女性は旦那から傷つけられてきました。

旦那の忙しいのはわかっているけど「旦那のことが心配」だから「仕事で遅くなるんだったらちゃんと連絡をよこしてね！」とお願いしています。

けれども、いつもの時間になっても帰ってこなくて、旦那からの連絡が一切入っていません。「何かあったのかもしれない！」とか「もしかしたら事故にあったのかも？」と不安になって、いろんなことを想像してしまいます。そして、考え疲れてテーブルで寝てしまうと「ただいま」と玄関の方から声がします。

ちょっと安心するが、旦那の顔を見て「なんであんた、連絡をしなかったのよ！」と責めてしまいます。

するを旦那は女性から目をそらして「だって、すぐに帰れる、と思っていたら職場の人から引き止められちゃって、連絡をするタイミングを逸してしまったから」と言い訳をします。

そこで女性は「カチーン！」ときてしまいます。

「連絡するタイミングだと！　ほんのちょっとの時間でも私に割くことができないのか！」と怒り口調になります。すると旦那はキレ気味で「だって、すぐに帰れると思っていたから」というと、さらに女性の逆鱗に触れて「帰れると思ったたって帰ってきてないだろ！」とヤクザ口調で凄みました。

すると旦那は怯んで「いや、早く仕事を済ませて帰りたかったんだ！」というと女性は「あんたの仕事のことを聞いているんじゃなくて、なんで連絡しないんだと言っているの！　なんで私との約束を守れない！」とちっとも反省している様子がない旦那を目の前にして涙が溢れてきてしまいます。

玄関で呆然と立ち尽くしている旦那は、ただ「すまん！」と謝るのですが、女性にはその反省の言葉から誠意が全く伝わってこないから「あんたは全くわかっていない！　どんなに私が傷ついているのか！」とさらにキレてしまいます。

明日だって朝早くから仕事だから、旦那を早く寝かせてあげないと体調的に心配になってしまいます。こんなことをやっていたら旦那が壊れてしまう、だからもっと優しく接してあげなければ、と女性は反省するのだが「なんで！」とか「どうして？」というのが止まらずに午前2時3時まで旦那を責め続けて、お互いに傷つけ合うのがやめられなくなってしまいます。

この男性の反省がものすごく興味深い。

「妻から責められるから、ちゃんと仕事を断らなきゃ！」と男性は反省するのだが、反省すると「ビビビッ！」と脳内に大量の電流が流れるので、その電流が表情筋をコントロールする脳の部位を刺激して「表情が固まっちゃう！」となり、さらに自分の気持ちを表現する言語の部位まで刺激するから「思っていることが言葉にならない！」という状態になってしまいます。

だから「ちょっとこの仕事を手伝ってくれますか？」と言われた時に、反省がなければ「ごめん！　今日は早く帰る！」と断ることができるのですが、反省があると「え？　アワワ～！」となり、表情は引きつった笑顔に見えてしまいます。それを相手は「この人は引き受けてくれるんだな」と判断し「お願いします！」と仕事を投げられてしまうんです。

さらに「妻から怒られるからちゃんと連絡しなきゃ！」と反省していると、脳内の過剰な電流が、一つの行動から次の行動にシフトさせる脳の部位を刺激して「電話をかけなければいけないのに電話に手が伸ばせない！」という変な催眠状態になってしまいます。

「反省！」が言葉、表情、そして行動を思い通りにさせなくしてしまうのです。

家に帰った時も「妻に申し訳ないことをした！」と反省をしてしまうと、それだけ電流が強烈になるから表情筋をコントロールする脳の部位を刺激し表情が固まって能面顔になります。女性はそれを見て「こいつはふてくされた態度を取っている」と判断して「全然反省していないじゃないか！」と怒り出すわけです。

そして、女性が責めれば責めるほど旦那は「反省」してしまうから、その電流が態度、言語、行動などの部位を刺激して固まってしまい、木偶の坊（でくのぼう）状態になります。

女性は木偶の坊を目にした時に孤独を感じてしまうから「発作が止まらないやろ～！」と怒り続けて傷つき苦しんでしまうわけです。

だったら旦那を反省させなければいいの？　と女性が思おうとすると「それは違う気がする！」となります。責めて反省させなければ、旦那がつけあがってやりたい放題になって、女性をおざなりにして傷つけることは目に見えているから。

発作は女性の孤独に条件づけられていて、旦那の手綱を放してしまった時に感じる孤独から発作を起こしてしまいます。そして旦那の方は、女性の発作（怒り）に責任を感じて「反省」

した時に発作を起こしてしまうから、夫婦関係を破壊するような行動を自動的にとってしまうのです。

このようなことは夫婦関係だけでなく、職場でも、親子関係でも同じような現象が起きています。この状況を変えるのは簡単で、女性が「孤独の色を識別する」と唱えながら旦那を見ればよかったりするんです。

「え？　なんで私が旦那のためにそんな努力をしなければいけないの？」と怒りが湧いてくるかもしれません。「自分は一生懸命に旦那に働きかけてきたのに、ちっともそれに対して答えないで私を傷つけてきたのはあの人ですから！」という怒り。その怒りが本物であるかどうかを確かめるためにも「孤独の色を識別する」と唱えてみます。

すると「旦那も孤独なんだ」とわかってきます。職場でちやほやされながら孤独なんて無縁な人だと思っていましたが「孤独の色を識別する」と唱えてみると、みんなからいいように利用されて誰からも本質を理解されていない孤独な人が目の前に立っていました。そんな時に「いつも私ばっかり！」という孤独の怒りが消えていきます。

旦那の方は怒れる妻を目の前にした時に「孤独の色を識別する」と唱えてみると、「あ！妻の孤独を本当の意味で理解していなかった！」という事実に気がつきます。目の前の怒れる妻は、孤独を感じて泣き叫ぶ幼子のような姿でした。これまではわがままで泣いている、と思っていたのに、本当に怯えて泣いている妻を目の前にして旦那は妻のことを無性に抱きしめたくなります。なぜなら、妻も自分と同じで孤独を抱えていることがわかったから。

抱きしめた時に、妻から伝わってくる鼓動がだんだんゆっくりになっていき、やがて自分の鼓動と重なっていきます。そんな時に、女性は孤独であることの喜びを感じるのかもしれません。孤独があるからこそ、つながれる喜びを。

おわりのスクリプト

私は「見ない、聞かない、反省しない」というお話を書いてきて「私が私らしく生きられない仕組み」というものが見えてきました。

先日も、反抗期の一人娘のことで悩んでいるお父さんがいらして「娘に怒鳴ってしまう自分が嫌で反省してしまうんです」とのことでした。

お父さんは、娘のふてくされた態度を見て「ムカッ！」ときてしまい、「昨日、たくさん宿題をしたから今日の宿題はやらない！」という言葉を聞いて「いい加減にしなさい！」とキレてしまうのです。

するとますます娘はふてくされた態度をとっていうことを聞かないので「なんでお前は！」と持っていたゴミ箱を床に叩きつけてしまい「しまった！　やってはいけないことをしちゃった！」と反省してお父さんは苦しくなります。お父さんは反省して「次からはキレないでちゃんと言葉で説明しよう！　いい父親になろう！」と努力しますが「なんであなたは約束したことが守れないの！」と再びキレてしまって「反省」を繰り返していたんです。

このお父さんはものすごく反省をして、通勤途中にスマホで「反抗期の子供の接し方」を検索して「なるほど！　こんな風に接してあげればいいんだ！」と勉強します。

けれども実際に目の前にふてくされた、偉そうな態度をとっている子供が反抗的な言葉を返してくると、頭でわかっていても「もう、いい加減しなさい！」とキレてしまいます。

ところが「孤独の色を識別する」と頭の中で唱えて娘を見た時に「あ！　娘は孤独なんだ！」とそのふてぶてしい態度とは全く違う感情の色が見えてきます。

「あんたは子供なんだから親の言うことを聞かなきゃダメなの！」と言われた時に娘は「お父さんとお母さんは大人で私だけ子供」ということで孤独になっていました。そのことにお父さんは気がつきます。

「ちゃんと勉強をしなさい！」と命令口調で言われれば、娘は「自分だけダメな存在」と思って〝孤独〟を感じて、それで発作を起こして破壊的な人格になっていました。

そして「孤独の色を識別する」と唱えてみると「子供に反抗的な態度を取られてバカにされる親は自分だけ」という〝孤独〟をお父さんは感じて発作を起こし、破壊的な人格に変身して子供に怒鳴りつけていたことに気づきます。

「孤独の色を識別する」と唱えたお父さんは、会社で部下が自分に対して意見をしてきたりして「自分だけが尊敬されていない！」という〝孤独〟を感じ破壊的な人格になって「やらなければいけない書類をちっとも書かない」ということをしていた、と気がつきます。

そして、その会社での孤独を家に持ち帰って、家で娘に当たってしまう自分に嫌気がさして反省していたことまで見えてきて「穴があったら入りたい！」という気持ちになります。

反省したくなる気持ちになった時にも「孤独の色を識別する」と唱えてみると、娘も学校で人気者でちやほやされていると思っていたけど「みんなに気に入られるように合わせているだけで本当の自分をわかってもらえない、理解してもらえない」という〝孤独〟を感じていることが見えてきます。

家に帰ってきて、親からいい子を演じない素のままの自分を受け入れてもらいたかったのに「勉強しなさい！」と頭ごなしに言われてここでも両親のためにいい子を演じなければいけない、そのままの自分を受け入れてもらえない〝孤独〟を感じて発作を起こしていた娘の姿が見えてきて、思わず父親は娘のことを抱きしめたくなりました。なぜなら、結局、娘も自分と同じ孤独を感じていたから。

いい上司、いい夫、いい父親を演じてはいるけど「誰にも自分の本質をわかってもらえない」という孤独を目の前の幼い子供も抱えていました。

そんな時に、お父さんは「この自分の本質をわかってもらえていない」という〝本質〟ってなんだろう？　とふと疑問に思いました。そしてお父さんは、娘も同じことを感じているのであれば、娘の本質がわかればいいのかも？　と「孤独の色を識別する」と唱えて娘の姿を見てみます。

すると「あ！　本質をわかってもらえないって、誰からも自分の本質をわかってもらえない、という〝孤独〟なんだ！」ということが見えてきます。

鏡と鏡を向かい合わせにして、その間に自分が入ると、二つの鏡には無数の自分が写っています。しかし、その写っている自分はどれも本物の自分ではない、ということが誰にも理解されず、無数の孤独が鏡の中に広がっているあの感覚。

鏡の奥に写る無数の自分を眺めている自分が本当の自分のはずなのだが、鏡の中に写っている自分には理解してもらえないあの孤独感。

そんな時に、お父さんは「あ！　単純に誰からも理解されない孤独を感じている、ということをわかってもらえるだけで自分の孤独が消えていく！」という体験を「孤独の色を識別する」と唱えて娘を眺めていた時にすることができました。

なぜなら、娘もお父さんと同じことを感じていたから。お父さんはそんな娘の隣に座りたくなって、宿題をやらずにふてくされた態度で椅子に座っている娘の隣に寄り添いました。

娘は「気持ち悪いんだよ！」という態度をしましたが、それも娘が〝孤独〟であることの象徴であることがお父さんには見えていました。

お父さんは、優しく「誰からもわかってもらえない孤独があなたの中にあるんだね」と思いながら、その右手で優しく娘の頭を撫でていました。

「誰からも理解されない孤独があって苦しかったんだね」と心の中で思いながら優しく頭を撫でていると、不思議とお父さんの目から涙が溢れてきます。

いつのまにか娘がお父さんにしがみついていて、お父さんのシャツが娘の涙に染まっていきます。お父さんは一瞬「自分が娘をこれまで苦しめてきてしまった」と反省したくなりましたが「孤独の色を識別する」と唱えてみたら「自分も父親からこのように抱きしめられたかった！」

という思いが出てきてますます涙が溢れてきました。

そんな時に、その胸に抱きしめて涙を流す娘の未来が変わっていく、という感覚を感じていきます。

さらに、自分の幼い頃の孤独に気がついてあげることで、自分の過去も変わっていく、という不思議な感覚を感じつつ、お父さんはどんどん強くなっていきます。

腕に抱えた娘の孤独と、自分の孤独、そして幼かったあの自分が抱えていた孤独が合わさることでお父さんはそれまで感じられなかった自信のような感覚を感じられるようになったのです。

誰からも理解されない孤独の喜びを感じながら、笑うお父さんの笑顔は職場の人たちを変えていきました。

そして、同じ笑顔をするようになった娘の顔を見に家に帰る喜びをお父さんは感じられるようになっていったのです。

誰からも理解されない孤独とともに。

おわりに

ある時、カウンセリングにやってきた方を見たときに「あ！　お師匠さんの治療の匂いがする！」とその瞬間にわかってしまった。カウンセリングを受けたことがある、とお話になる前から、その方の顔の輝き、そして喋り方から「素晴らしいカウンセラーが治療した痕跡がある」と伝わってきた。そして、その方がお師匠さんの名前を出した時に「やっぱり！」と喜びの声をあげたくなった。

本を手にとって読んでくださった方に出会った時に私は正直な話、「嫉妬」のような感覚を感じてしまうことがある。なぜなら「私は何も変わっていないのに、この方はこんなに美しく変化している！」って思ってしまうから。この本を読んでいて「自分は人の汚物にまみれて生きてきたんだな」とあの惨めな感覚を懐かしく思うと同時に、過去の幼い自分に哀れみを感じて読んでいるうちに涙が溢れてくる。そんな過去の自分と比べたら、自分は変わっているはずなのに「あの方達は変わっていて、自分は何も変わっていない」と思ってしまう。でも、興味深いのが、私が「あ！　この方は変化していて美しく輝いている！」と思った方も「他の人は本を読んであんなに変わっているのに、自分は何も変わっていない」と私の心の中の声と同じことをおっしゃっていた。「あ！　同じだ！」とちょっぴり嬉しくなる。そして、その方は「先生はこんなに変わったのに私は何も変わっていない」と仰っていた。

その言葉を聞いた時に、バラのイメージが私の中に浮かんできた。そして、バラは、美しく咲いていても「私は美しく咲いている」とは思わないんだろうな、というのが頭の中で流れてきた。通りかかる人たちが「あ！　綺麗なバラ！」と喜んでいても、バラは「え？　なんのこと？」と自覚が持てない。だって、バラはバラだから。そこに美しく咲いていると、周りの人たちが認識しても、そこに咲いているのは一輪のバラ。

そんな時に「あ！　そういえば、バラはなんのために咲いているんだろう？」という疑問が湧いてきた。「人を喜ばすため？」それとも「自然の素晴らしさを知らしめるため？」と色んな理由が考えられるけど、どれもしっくりこない。そんな時に「バラはただそこで生きているだけ！」という言葉が私の中に響いてきます。バラは誰のためでもない、自分のために生きていて、そこに咲いている。そんなことを思った時に、自分の中で腑に落ちて、スッキリした。

美しく輝こうが、生き生きしようが、豊かに花を咲かせようが、その人はその人であって、ただそこで生きている、という現実は変わらない。

だったら、私の本になんの意味があるんだろう？　元も子もないことを考えてしまう。ただ生きているだけだったら、何も変わる必要がないじゃないか！　って、思ってしまう。

すると、私の中から、優しい言葉が響いてくる。「一輪のバラを咲かせるのには肥料が必要でしょ！」って。そして「見ない！」の章で書いていた「数々の他の時間軸の自分の失敗」が美しく花を咲かせる肥料になっているんだ！　ということを教えてくれる。そして「聞かない！」が余計な病気から守ってくれる消毒液の役目を果たしている、と私の中から湧いてくる。確かに、美しいバラにはそれが必要だったりする。そして「反省しない」がバラの枝の剪定で邪魔になる枝を取り払うことで良い芽を増やし、美しい花を咲かせることが出来るようにしてくれる。そんな時に、かつて、枝が伸び放題で蔓ばかりであった自分の姿が浮かんできた。バラのトゲで自分を傷つけ、そして折角の花も枝葉で埋もれて見えなくなっていた。そんな時に、目の前の「自分は変わらない！」とおっしゃっている方のまっすぐな姿勢を感じて自分が羨ましくなっていたことに気がついたんです。そして、私は、この本を一輪のバラを胸に抱きしめるように大切に抱えてみます。そう、私にはたくさんの棘があって、周りも自分も傷つけてきたかもしれない。その痛みを感じながらも、咲き続けるんです。みなさんと一緒に。

著者紹介

大嶋 信頼（おおしま・のぶより）

米国・私立アズベリー大学心理学部心理学科卒業。アルコール依存症専門病院、周愛利田クリニックに勤務する傍ら東京都精神医学総合研究所の研究生として、また嗜癖問題臨床研究所付属原宿相談室非常勤職員として、依存症に関する対応を学ぶ。嗜癖問題臨床研究所原宿相談室長を経て、株式会社アイエフエフ代表取締役として勤務。現在、インサイト・カウンセリング代表取締役。

著書に『ミラーニューロンがあなたを救う！』、『支配されちゃう人たち』、『無意識さんの力で無敵に生きる』、『それ、あなたのトラウマちゃんのせいかも？』、『言葉でホルモンバランス整えて、「なりたい自分」になる！』『その苦しみはあなたのものでない』（以上青山ライフ出版）、『「いつも誰かに振り回される」が一瞬で変わる方法』（すばる舎）、『小さなことで感情をゆさぶられるあなたへ』（ＰＨＰ研究所）などがある。

大嶋信頼の本

ミラーニューロンがあなたを救う！
――人に支配されない脳をつくる４つの実践テクニック――

身近な人間（家族、上司など）から流れてくる悪い情報（暗示）のせいで苦しんでいる人に対して、それを遮断することによって、本来の自分を取り戻し、幸せになれる４つの方法を提案。

発行日：2012/9/24
978-4434169403
384ページ
定価：1,500円＋税

支配されちゃう人たち
親や上司の否定的な暗示から解放される超簡単テクニック

知らないうちに親や上司などからミラーニューロンを通じて否定的な暗示で支配されて身動きがとれなくなってしまった人たちは意外と多い。そんな人たちのために超簡単心理テクニックを伝授する。

発行日：2014/7/8
978-4434194320
384ページ
定価：1,500円＋税

無意識さんの力で無敵に生きる
――思い込みを捨て、自由自在の人生を手に入れる方法――

自分を苦しめている思い込みから自由になり、無意識を信頼して楽に生きるための簡単テクニックを紹介する。「無意識」に任せる自由な生き方とはどんなものであるのか、専門家でも難しい内容を、著者が学んだ催眠の先生とのエピソードを織りまぜながら軽妙に解説している。

発行日：2014/12/17
978-4434200151
314ページ
定価：1,500円＋税

それ、あなたのトラウマちゃんのせいかも？
あなただけの簡単な言葉を唱えるだけで、"いまここ"で楽になる！

トラウマ治療専門カウンセラーである著者が、トラウマと脳の関係を、事例を挙げながらわかりやすく解説。言葉を唱えるだけで、誰でも簡単にトラウマから解放される方法を提案する。

発行日：2015/7/21
978-4-434-20668-9
394ページ
定価：1,600円＋税

言葉でホルモンバランス整えて、『なりたい自分』になる！

一瞬で緊張と不安が消える魔法のメソッド

「生きづらさの原因は脳内ホルモンにあるのかも？」と仮説を立てて、言葉で無意識に働きかけ、ホルモンを整えることが可能であることを発見し、オリジナルメソッドを打ち立てた。

発行日：2016/3/18
978-4434216855
368ページ
定価：1,600円＋税

あなたを困らせる遺伝子をスイッチオフ！

脳の電機発射を止める魔法の言葉

あなたを困らせる特徴的な遺伝子を、唱えるだけでスイッチオフし、本来の自分に戻る魔法の言葉、それは「〇〇さんって、すげー！」。

大嶋 信頼

発行日：2016/10/27
978-4434225581
248ページ
定価：1,500円＋税

その苦しみはあなたのものでない

誰もがときおり感じる痛みや苦しみ。でも、それは本当にあなたの苦しみなのだろうか？自分のものだと思っている苦しみの原因が、隣の人からネットワークで伝わってきたものだとしたら……。

発行日：2018/4/27
978-4434244988
176ページ
定価：1,500円＋税

見ない、聞かない、反省しない
——なぜかうまくいく人の秘密——

著者　大嶋　信頼

発行日　2019年6月27日
発行者　高橋　範夫
発行所　青山ライフ出版株式会社（SIBAA BOOKS）
〒108-0014
東京都港区芝5-13-11　第2二葉ビル401
TEL：03-6683-8252　FAX：03-6683-8270
http://aoyamalife.co.jp
info@aoyamalife.co.jp

発売元　株式会社星雲社
〒112-0005 東京都文京区水道1-3-30
TEL：03-3868-3275
FAX：03-3868-6588

装幀　本澤　夕佳

印刷／製本　中央精版印刷株式会社

ISBN978-4-434-25927-2